中国科协科学技术创新部
全球科技社团研究系列丛书

U0686101

借力扬帆

——非营利组织能力建设

［美］杰夫·拉塞尔　著

李长文　刘镓仪　译

中国科学技术出版社

·北　京·

图书在版编目（CIP）数据

借力扬帆：非营利组织能力建设 /（美）杰夫·拉塞尔著；李长文，刘鎵仪译 .
—北京：中国科学技术出版社，2023.10
书名原文：Do What You Do Best: Outsourcing as Capacity Building in the Nonprofit
Sector（The Second Edition）
ISBN 978-7-5046-8567-4

Ⅰ. ①借⋯　Ⅱ. ①杰⋯　②李⋯　③刘⋯　Ⅲ. ①非营利
组织—组织管理—研究　Ⅳ. ① C912.21

中国国家版本馆 CIP 数据核字（2023）第 089642 号

Translated and published by China Science and Technology Press with permission from
Elevate Publishing. This translation work is based on *Do What You Do Best: Outsourcing
as Capacity Building in the Nonprofit Sector (The Second Edition)* by Jeff Russell.
©2016 Jeff Russell. All Rights Reserved.

著作权合同登记号：01-2017-3398

　　本书中文版由美国 Elevate Publishing 出版社授权中国科学技术有限公司独家出版，
未经出版者许可不得以任何方式抄袭、复制或节录任何部分

策划编辑	单　亭	
责任编辑	向仁军	
封面设计	麦莫瑞	
正文排版	中文天地	
责任校对	吕传新	
责任印制	李晓霖	

出　　版	中国科学技术出版社	
发　　行	中国科学技术出版社有限公司发行部	
地　　址	北京市海淀区中关村南大街 16 号	
邮　　编	100081	
发行电话	010-62173865	
传　　真	010-62173081	
网　　址	http://www.cspbooks.com.cn	

开　　本	710mm×1000mm　1/16	
字　　数	90 千字	
印　　张	6	
版　　次	2023 年 10 月第 1 版	
印　　次	2023 年 10 月第 1 次印刷	
印　　刷	北京瑞禾彩色印刷有限公司	
书　　号	ISBN 978-7-5046-8567-4 / C·237	
定　　价	35.00 元	

致　谢

这本书特别献给我美丽的妻子塔拉，我在吉塔莎 ① 的创业岁月中，她一直支持着我。如果没有她坚定的支持与陪伴，这本书将难以完稿。

还要献给我的孩子们：泰森和露西，他们使我的人生旅程变得更加愉悦、更有活力、更有趣。

最后，这本书还为了那些使这个世界变得更美好、更美丽、更精彩而默默无闻、不知疲倦工作的人们而写。

---

① 关于吉塔莎，详见第 83 页。

序

    充满使命感的非营利组织（或非政府组织）是一个越来越被大家所熟悉的组织体系。我们经常听到这样的声音："我加入这个组织是为了解救、保护、改进、支持（某些令人钦佩的目标），因此，我不再去做那些我既讨厌又不擅长的无聊的商业性事务。"很多人就是基于这样的想法而加入非营利组织行列。足以确信，在一个非营利组织发展的某些阶段，尤其是它发展壮大或其领导者能力持续提高的某个阶段，管理和运营组织似乎比追求那些宏大的组织目标要花费更多时间。比如组织的资源枯竭、人事变动、新旧接替都表明了一个组织在成长过程中人事工作的重要性。滞后的收入、审计和控制的差异，以及国税局（Internal Revenue Service, IRS）释放出来的金融信号、未达成的项目目标、对服务不满意的客户、对工作不满意的理事等，这些在组织发展壮大过程中出现的种种问题都会使人感到惶惶不安。

    "能力建设"（Capacity Building）正是解决这些问题的常用方法，能力建设往往意味着组织可能缺乏的人力资源、财务管理和商业管理方面的培训。能力建设对有使命感的非营利组织领导者而言是痛苦的事，以食物做比喻，正如虽然，"吃菠菜，对你有好处"（Eat your spinach, it's good for you），^① 他们更喜欢的可能是芝士汉堡与可乐。

其他问题亦会涌现。比如对员工进行各种技能培训后，他们可能会去别处找报酬更好的工作，他们也可能会去那些不需要技术挑战，但工作内容更吸引人，不占用休息日的地方。许多非营利组织规模较小，这意味着如果一名关键工作人员（critical staff）"离线"参加商业或管理课程的学习，可能会严重干扰组织的正常运行。即使对组织不会产生永久影响，至少在此关键工作人员离开的这段时间里会使组织的运行受到冲击。非营利组织的理事会（Non-profit boards）里通常有商业领袖成员，这些商业领袖成员通常将其财富分享给非营利组织的同时，也会给其他捐赠人提供捐赠渠道。在组织面临压力和挑战的时候，"像管理企业一样来运营非营利组织"这种下意识的行动就显得相当重要。但在鼓舞员工士气、干劲和敬业精神方面可能未必有效，甚至效果会更糟。而士气恰恰又是所有成功的非营利组织赖以建立与发展的重要资源。

随着非营利组织数量的持续增长，一些问题也不断出现。事实上，组织数量增长的问题是可以通过兼并和收购来解决的，以便达到经济学教科书中所说的规模经济。例如，为什么大黄石公园生态系统（the Greater Yellow Stone Ecosystem）有近 300 个不同的非营利环境保护组织？显然那些组织需要合并和精简，这将大大简化业务操作流程，效率也会大幅提高。

事实上，通常"良药苦口"，以及前文提到的"吃菠菜，对你有好处"，按照这些大家所熟知的智慧、原则和方法，来提高非营利组织绩效的措施与方法是有缺陷的，这一点在很多案例中均能显现。更糟糕的是如果应用此措施实际上会使事情变得更糟。

杰夫·拉塞尔在这本充满智慧且有见地的书中总结了一些内容，即将时间与精力集中于你最擅长的事情上，在此原则下，非营利组织的能力建设业务可通过外包而获得更好的效益。杰夫以犀利的观察概述了以下几点基本要素。

---

① 菠菜虽有益健康，但西方很多小孩儿不喜欢吃菠菜，因此，家长常用这句话敦促孩子吃菠菜。意译为：尽管某事（物）不好，也要为了获得更好的利益去做。意同中文"良药苦口利于病，忠言逆耳利于行"。——译者注

· **虽规模小，但依然可保持运行高效、精准**——一个非营利组织甚至可能存在一个最优最小规模，这种小规模有益于组织坚守其使命愿景，同时帮助其精准实现组织的任务目标。

· **规模经济**——许多组织可以通过外包其非核心功能而达到规模经济效应，从而腾出时间和精力去从事和追求所擅长的那一至两项组织目标。

· **控制**——将组织的业务与技术层面的职能外包出去，而无须凡事"亲力亲为"，能增强组织的管理运行效率以及对员工的控制。

· **过程**——一个组织的管理流程可以随着与外包合作伙伴的互动而变得标准化、合理化。这种持续的、相互依赖的关系会让组织的运行获得持续提升与改进。

· **"仅在细节上不确定"不同于"完全明白"**——在运用一项技术工具或业务技能过程中仅对一些细节不确定与能够熟练运用某技术工具与业务操作是完全不同的。正如理解财务报表要比能够撰写财务报表重要得多。

杰夫、妻子塔拉和他在吉塔莎的同事（原先在耶鲁大学时，吉塔莎曾名为"简单办公室"）把诸如此类的洞见和吸取的教训付诸了实践。事实上，这本书分享了许多作者创建吉塔莎的个人经历和决策。他的团队对非营利组织有着率真的奉献精神，这使得本书与他们创办的组织能够脱颖而出并且光芒四射。难怪他们最大的合作伙伴之一是美国童子军 [①]，尽管这有点讽刺的意味，但恰恰是这种对于标签式的典型合作伙伴的选择优先于对客户的选择，向你展示了他们做法的独到之处。

但是我们也不要被本书开放、热情的风格所误导。杰夫和他的团队工作经验非常丰富、管理技能也更为娴熟。杰夫曾是佐治亚州的一名技术工程师，他职业生涯的前十年是在著名的埃森哲咨询公司担任咨询师，帮助了许多财富 500 强公司实施业务外包，以增加公司收益。后来在曼谷的耐克项目中，他意识到尽管利润很重要，但其他东西也很重要。从此，他转向投身社会事业、努力实现社会使命，随后，他去耶鲁大学管理学院攻读了工商管

---

① 美国童子军（The Boy Scouts of America，BSA）成立于 1910 年，是美国童子军运动中成立的一个民间组织，是美国最大的青年团体，在其他一些国家也有它的分部。

理硕士学位。

　　耶鲁大学管理学院在非营利组织管理和社会企业教育中享有良好的声誉，而杰夫在这方面尤为擅长。他最终获奖的商业策划就是"吉塔莎计划"。在耶鲁大学求学期间，杰夫经常参加每周的"组织有效性"工作坊和研讨会，这是一个汇集经验丰富的实务工作者、研究者以及来自非营利组织的校外来访者的场合。一个夏天，我们共同对大黄石生态系统的所有非营利组织开展了一项规模宏大的调查与评估。在这项工作中，我们不但对大黄石生态系统非营利组织的庞大数量感到极为惊讶，而且还了解了组织在个性、自我意识、自我否认以及不愿被他人控制等方面的特点。

　　如果在其商学院的演讲中要总结出最简单的一句话来概括杰夫、他的组织以及这本书的精华，那就是：要高度集中精力，坚持不懈地，并且从内心出发，永不停息地探求你最擅长的事情。

加里·D. 布鲁尔（Garry D. Brewer）

耶鲁大学管理学院

目　录

前　言

没有人是一座孤岛，每个人都是大陆的一部分，整体的一部分。

——诗人约翰·多恩

　　小时候，我们就学会了做自己最擅长的事。对于我们做得好的事，生活自然而然就会给我们奖赏。我通过观察孩子学走路的过程发现了这一点。他们在蹒跚学步时，发现光脚在地毯上走路要比穿着袜子在硬木地板上走容易。当他们的脑袋在硬木地板上磕碰了几次之后，他们就会发现在木地板上走得没有像地毯上那样好。于是他们退回到地毯上，磨炼技术，然后很快就能够适应硬木地板的环境了。可见，我们生来就会回避消极结果，而专注于使我们成功的事情。

　　随着年龄的增长，我们开始看到社会上人与人之间的相互依赖关系，并发现团队合作能带来价值。在幼儿园，我们逐渐认识到，当我们身处一个又大又坏的世界时，我们必须牵起手来团结在一起。无论如何，在一起也比分开好。当我们进入了童年时期，并开始大量参与活动与体育运动时，这种整体化、团结协作的意识会不断强化。就好比一个合唱团有人唱低音，有人唱高音；一个乐队里有人拉小提琴，有人吹长笛。每个人都在做他／她最擅长的事情，就像一个好的交响乐团是因为它的专业化分工而变得卓越。一个好的足球队有身材高大、体重较重的前锋队员与身材较小、动作较快的后卫队员。每一个人都各司其职，做自己最擅长的事。

我们在幼儿园期间，就明白的这些团队精神和相互帮助的理念，对于今天的我们依然很适用，并且也适用于我们的组织与社会：我们不是孤岛，我们都是"整体的一部分"。当所有成员都各尽其责并尽其最大努力时，一切将会繁荣昌盛。

如今，美国有100多万家非营利组织，这是一个巨大的组织生态系统，在这个生态系统里，人们共同努力地工作，使这个世界变得更美好。非营利组织填补了社会相互关联的空白区域。商业部门、政府部门、宗教组织以及我们的教育系统在社会中都扮演和发挥着各自必需和必要的角色与作用，我们常常就他们的相对价值以及他们应该扮演的角色发起争辩，但我想没有人会否认他们在社会发展中能发挥一定的作用。同样，在非营利组织或"社会部门"内部亦是如此，我们都扮演着某个角色，每个组织在社会发展中也扮演着不同的角色。

我的经历

在我大学期间，我一直为我在社会中应该扮演的角色而奋斗。像大多数佐治亚理工学院的工程专业的学生一样，我每年上6个月课、做6个月Co-op项目，这是一种循环实习。说到我的实习公司，我曾在埃森哲公司实习过。埃森哲公司是一家财富500强的咨询公司，在全球拥有65000名员工。尽管我在公司的组织结构图上排位很低，但我得以在大企业的环境里积攒工作经历与经验的机会很难得。作为埃森哲公司高级管理人员身边的记录人，我有机会目睹了一个公司的决策是如何产生的。不得不承认，这种经历让我很享受。我游历美国，入住豪华五星级酒店。至今我还保留了一张第一次商务旅行的照片。我仍然难以想象自己——一个在密西西比乡村长大、清理马厩的人，能住在费城一家五星级酒店里。1996 年夏天，我在一家五星级酒店住了 15 天之后，我发现随后自己又睡回了巴布亚新几内亚高地的泥土地板上。

1996 年夏天，奥运会在亚特兰大举办。当年为了给奥运会提供比赛设施，佐治亚理工学院对外关闭，我无须再在埃森哲公司工作。于是我在巴布亚新几内亚待了几个月，在戈罗卡郊外高地做志愿者。我和印第安人交谈，看到人们吃树皮来填饱肚子。我与一些传教士和非政府组织领导人见面交谈，他们将毕生都致力于改善巴布亚新几内亚的生活。

这段经历迫使我思考我想要在这个社会上扮演什么角色。我应该回到巴布亚新几内亚，与他们一起工作？还是向原住民提供获得医疗保健、清洁水以及健康生活习惯的途径？或是我应该回到有五星级酒店、牛排屋和羽绒枕头的埃森哲公司咨询实践中去？

在做最终决定的过程中，我分别评估和考虑了我喜欢什么、我擅长做什么、我做什么能对更多的人有益，以及在宁静的时刻考虑做什么会令我自己感到更自豪。最终，在经历了大量的自我反省后，我选择从美国公司开始我的第一步。

在接下来的八年里，我为多家企业做过咨询，其中有企业巨头如耐克（Nike）、杜邦（DuPont）、微软（Microsoft）、家得宝（Home Depot）等，还有其他一些中型公司如李维·施特劳斯（Levi Strauss）、宏媒体（Macromedia）、福莱纳卡车（Freightliner Trucks）和伯顿滑雪板公司（Burton Snow-boards）等。我的咨询领域主要定位于业务外包，帮助组织将其资源集中于真正对他们有益的方面。我帮助他们把时间、精力和金钱集中在能推进他们事业的任务上，而他们的事业就是赚钱。虽然赚钱很重要，但一段时间后，就会令人厌倦。

有一天，当我凝视着曼谷的窗外时，我陷入了沉思。我曾在耐克公司工作了三年多，确保他们的鞋准时装运到世界各地。我知道耐克创造了数不清的工作机会。我曾目睹过印度尼西亚的耐克工厂门外，有 3000 人在门外等候，希望能获得进工厂工作的机会。而在工厂里面，有 2 万多人在制作着鞋子，他们为家人的吃、住、衣物而工作。下班后，他们有尊严地回到家中，因为他们有工作可做，而不用挣扎于他们的家庭有可能会陷入世代贫困的循环中。我知道耐克能赚很多钱，但这并不是坏事。

人们的传统思维倾向于将股东想象成恶人。但是，也许你祖母的401（k）计划 ① 或退休金就包括了耐克股票，用于支付她入住养老院的那部分报酬显然没那么邪恶，但我知道，许多人认为耐克公司牺牲了大量贫穷劳动者的利益而赚取了很多财富。在20世纪90年代，耐克因工作标准不严，并以其"血汗工厂"的名头 ② 成为全球的头条新闻。但当我在21世纪初来到这里的时候，这家工厂的运行与管理是我在亚洲见过的数百家工厂中最清洁、运行最健康的工厂。最重要的是，我知道得梅因 ③ 的很多孩子们都想要炫酷盒子里的耐克新鞋。所有这些在我们的社会中都很重要，但对我个人而言，我感到有一股强大的力量使我清晰地感觉到社会影响力的重要。

当我在曼谷望向窗外思考这些问题时，我看到的是城市的贫民窟社区。这是一个方圆几平方千米的地方，但却是成百上千穷人的家园，这种景象在美国是无法想象的。这让我想起了在贫困的戈罗卡的时光，"在世界中行善"的热情和兴趣在我身上燃烧。我能想明白耐克鞋的确很好，这个世界也需要耐克鞋，但就我个人而言，我更想做与我的热情和兴趣相吻合的事情。正是在这段时间里，我决定离开曼谷去耶鲁大学管理学院学习。它的口号是"为商业和社会培养领袖"，它的非营利管理项目在商学院中常排名第一，因此这似乎是一个很适合我的项目。在攻读MBA的过程中，我和同学们一起酝酿和制订计划，这为吉塔莎的建立奠定了基础。

---

① 401（k）计划也称401（k）条款，401（k）计划始于20世纪80年代初，是一种由雇员、雇主共同缴费建立起来的完全基金式的养老保险制度。401（k）计划是指美国1978年《国内税收法》新增的第401条k项条款的规定，1979年得到法律认可，1981年又追加了实施规则，20世纪90年代迅速发展，逐渐取代了传统的社会保障体系，成为美国诸多雇主首选的社会保障计划。——译者注

② "血汗工厂"（sweatshop）一词最早于1867年出现于美国，最初指美国制衣厂商实行的"给料收活在家加工"之制，后来又指由包工头自行找人干活的包工制。——译者注

③ 得梅因（Des Moines）：美国艾奥瓦州的首府。

在这段时间里，每当我问自己："我最擅长什么？"我会意识到，我在公司的工作经历与经验让我学习到了丰富的工作技能，我可以用它来帮助各种有社会责任感的组织。我仅通过个人的咨询工作对企业的发展所能施加的影响可能微不足道，但通过帮助处理

> 大多数企业都是平庸的，非营利组织的目标不是要更商业化，而是要更加卓越。

他们不想做的业务，我可以帮助企业专注做他们最擅长的事情，这正是帮助企业集中精力的方式。我想为非营利组织做同样的事情。我想，去建立一些机构来使全国各地的非营利组织都能受益于共享服务和业务外包，这个想法是可能的，也是可行的。在实施这个想法的过程中，我一直努力拼搏，试图找到我在组织中最合适的位置。目前为止，我已经运营吉塔莎五年多了，我感觉我正处于最佳状态。而且无论是作为我个人还是吉塔莎，都没有比现在更好的状态了。

在本书《借力扬帆——非营利组织能力建设》中，我展示了非营利组织如何使用各种策略技巧并应用外包概念来推动其事业的发展。通过本书，你将了解外包是如何帮助更多的非洲人获得干净的水、帮助博伊西的难民找到更多的就业机会，以及帮助城市年轻人缩小收入差距。你也将了解，做你最擅长的事也有其应遵循的原则，这意味着你可能不得不放弃一些你做不好的事，或者那些让你分心的事。我妻子塔拉·拉塞尔是"创造共同利益"的首席执行官（CEO），她经常说："不要让好的东西扼杀了更好的东西。"我们的时间可以有许多精彩的用途，但最好的用途应该是什么呢？如果我们把时间都花在那些耗尽我们精力的活动上或花在我们发挥平庸的地方，我们就会有意识或无意识地在我们真正能有伟大成就的地方少花时间。做你最擅长的事情意味着接受帮助，这需要勇气。所罗门王在《传道书》中谈到这个概念：

> 两个人总要比一个人好，他们会为彼此的辛勤工作而获得奖赏，因为如果其中一个人失败了，另一个人可以支持他的同伴。但若一个人摔倒却没有另一个人去救他，那又会是一番什么样的情景呢？

美国人是非常骄傲且充满个人主义的群体，通常不喜欢承认软弱或接受帮助。除了勇气，我们通常需要强大的自信和谦虚来承认我们在某些方面需要帮助。

最后，值得一提的是，这本书不是要辨析非营利组织需要像企业一样运营而说业务外包有多好。正如吉姆·柯林斯在他的专著《从优秀到卓越》（*Good to Great and the Social Sectors*）中指出的那样，使非营利组织更加商业化并不是目标，因为大多数企业都是平庸的。非营利组织的目标不是要更商业化，而是要更加卓越。

迈克尔·爱德华兹在 2011 年 11 月 28 日《华尔街日报》（*Wall Street Journal*）的一篇文章"慈善事业应该像企业一样运作吗？"中写道："要在合适的地方使用商业思维，而不是一再炒作'商业是最好的途径'这个概念。"外包是一种好的策略，但只有正确应用才能帮助到非营利组织。

这本书的目标是改变非营利组织的能力建设者、资助者和领导者的观念。外包并不是一个令人生厌的词，而是一种组织策略，当有效使用时，它可以对抗倦怠、提高领导能力，从而获得更好的成效。

基于我过去 15 年的工作经验，我发现很少有人对非营利组织业务外包议题进行深入或经常性的思考。我认为自己很幸运地走上了这条路。我的职业市场前景很好，我很幸运能成为美国为数不多的、在这些问题上花费了大量时间和精力的人。在你们阅读《借力扬帆——非营利组织能力建设》这本书时，我希望你们能用更开阔的思维去改善与提升我们伟大的非营利组织。

概　述

能力建设外包理论

"能力建设"是一个用于描述非营利组织咨询和培训的常用术语。在领导力培训和专业发展方面，能力建设是一个引领性的、宏伟的目标。然而，如今的能力建设往往做得有些过火。例如，执行主管需要知道如何分析、理解和使用财务信息，但并不一定需要知道如何创建财务信息。在过去，能力建设工作主要集中在培训和发展带薪员工上，这种做法有一些问题。首先，对于开创者来说，营业额对于组织来说是个重要的议题，许多带薪员工离职会对组织的发展产生不良影响。另一个问题是，带薪员工可能不想学习像记账这样乏味的技能，他们可能想把重点放在具体任务和项目上。最后，组织规模可能太小，无法使员工获得所需的全部技能。当然，世界上所有的培训都不能改变这些根本性问题。

在参加一些非营利组织联盟管理会议后，能力建设的议题一直萦绕在我脑海中。能力建设的定义可能有100多种，而且关于能力建设确切含义的讨论还在持续不断地进行着。然而，以下这些具有代表性的战略规划、高管培训、财务培训和项目评估等概念的确都属于能力建设的范畴。

非营利组织联盟管理会议以"财务能力建设——尚存困惑"为主题进行讨论。回望过去，那些寻找要为非营利组织提供帮助的捐赠方与组织一直把

> 外包的目的不是为了减少产能或减少支出，其要义在于确保支出都用在正确的地方，并发挥最大效用。

培训的重点放在如何做好非营利组织的财务工作。我们认为，能力建设的重点应放在如何使用账目，而不是如何进行会计核算。过去的能力建设过于注重让每个人做每件事。但我坚信团队的作用，坚信每个人应当专注做好自己的事情，并非人人都能做所有的事，更别提擅长这些事了。

财务能力建设就像一只三腿凳，缺任何一条腿都是无用的。当涉及非营利组织财务时，你需要：①一个人或供应商来完成工作；②一位会使用信息的执行主管；③一个可以监控流程的理事会、一位首席财务官（CFO）或财务主管（treasurer）。能力建设工作，尤其是围绕金融方面的工作，应重点关注如何使用和理解财务或金融信息。

你能想象吗？俄亥俄州管道工联盟曾举办了一个为期半天的金融101工作坊，教人们如何使用会计软件——速记本（QuickBooks）[①]、了解成本会计的细微差别以及解释借项和贷项。培训结束后，是让这些接受培训的人们去做上述所有的工作吗？不是，相反，实际上，他们会教人们如何使用财务信息、监控现金流以及如何做预算。联盟会教人们如何使用这些信息，并建议他们雇用一个记账员、一家公司或会计师事务所来做这些工作。就比如，管道工凭直觉知道他们最擅长管道工作。

在《世界是平的》（*The World is Flat*）一书中，托马斯·弗里德曼说："他们（顶尖公司）通过外包实现更快、更低成本的创新，来壮大自身、抢占市场份额和雇用更多不同领域的专家。"外包的目的不是为了减少产能或减少支出，其要义在于确保支出都用在正确的地方，并发挥最大效用。对利益至上者而言，外包意味着"获得市场份额"，而对非营利组织而言，外包则意味着"更多的人获助"或"事业获得发展"。

本书的目的是去除人们对"外包"的负面标签和刻板印象。从感性意义

---

① QuickBooks 是应用较为广泛的小型商务财务软件。——译者注

上说，当人们听到"能力建设"时，会自然而然地觉得那是好的、有价值的事情；但当人们听到"外包"时，他们会觉得那是坏的、邪恶的，认为那只是企业的事。实际上，事实存在于这两者之间。外包是一种能提高整个非营利组织能力的战略和方法，让他们可以做好自己最擅长的事。外包这个绝佳的方法能够让领导者专注于他们的使命、项目和所热爱的事情上。

外包与离岸外包:
外包是一个令人生厌的词吗

2007 年,我参观了美国黄石国家公园。因为那里有独一无二的生态环境,所以黄石公园内部及周围大约有 300 个环境保护组织。一些前耶鲁大学的学生将这些组织的基本情况汇编形成《大黄石保护组织目录》(*Greater Yellowstone Conservation Directory*),其目的是简单地汇编所有各色各样的组织,期望通过这本目录可以促进这些组织间形成更大的联合与合作。于我而言,这是一个检验我外包、合作和能力建设理论的绝佳机会。我在这里走访了大概 20 家组织,很快我发现人们不喜欢"外包"这个词。当我用"外包"这个词时,人们明显地会保持沉默甚至表现出有些激动、不满。于是我开始了我的小实验。我和这些组织领导人谈论他们所面临的许多问题和挑战时,当有一个好的商家能够满足组织的某些需要,我就会将此信息分享给非营利组织的领导者。此刻,如果我将商家描述为一个"专业服务的提供者",人们的表现通常会很包容与开放。然而,如果我将商家描述成一个"外包伙伴",人们会很快地沉默下来——即使是同样的商贩、同样的价格、同样的效益。因此,用词的确很重要。

尽管在外包行业内有一些要替代这个词的趋向，我们仍特意在整本书使用"外包"这个词以强化这个概念。外包的概念包含能力建设、优化项目和提供帮助。外包只是一

> 外包包含能力建设、优化项目和提供帮助。

种方法和策略，它没有好坏之分，这个策略既有优点又有缺点。它可以被用来实现好的目标，也可以被用来实现坏的目标，但它本身不是邪恶的，它仅仅是一种战略。

再者，我们认为很有必要指出外包并不等于离岸外包（offshoring）①。令我很失望的是，在 2012 年总统竞选中，总统候选人在相关文章和竞选广告中对美国的外包活动表示惋惜，并且用"外包"这个词来达到政治目的。但是他们想要批判的以及令美国人民感到失望的其实是离岸外包，而非外包。外包与离岸外包有很大的不同（见图 1）。

外包——将曾由组织内员工完成的工作事务转移给组织外的商家去完成。

离岸外包——组织将业务外包给外国的商家。

当你雇用邻居家的小孩修剪你家的草坪时，这是将草坪的维护工作外包给他。当你呼叫戴尔服务台寻求技术支持，你很有可能是在呼叫戴尔公司离岸外包给印度的咨询服务。

本书的主题——外包，并不包括离岸外包。通过之前我在亚洲的工作和生活经历以及对上百家亚洲工厂的走访，我对离岸外包有自己独到的看法。我有一些亲戚住在深受制造业领域离岸外包之害的密歇根州，也有一些亲戚住在因丰田汽车厂的开放而获益的密西西比州。全球化是复杂的，无论好坏，在一个全球化日益发展的今天，离岸外包不可避免。从宏观视角看，社会精英们讨论了离岸外包对美国是好是坏，但大多数认为离岸外包和不断增

---

① 离岸外包指外包商与其供应商来自不同国家，外包工作跨国完成。

长的国际贸易有利于推动整个世界的发展。

从微观视角看，在越南工厂里，那些新雇用的工人通过一天艰辛的工作而养活他的家庭，在结束了一天的劳动后，他们带着骄傲和自豪回到家中；而那些密歇根州失业的工人，只能勉强维持收支平衡以养家糊口。从宏观层面看某些东西虽然是好的，但这并不完全意味着在微观层面就没有苦痛和困难。因此，离岸外包确实是一个复杂的话题，但本书的重点依然在于外包。

外包的本质是做你最擅长的事。如果有人在某些事情上做得比你好，而你在另一些事情上做得比他好，那你们就应该发挥各自优势，互相帮助来解决问题，经济学家称之为"比较优势"。

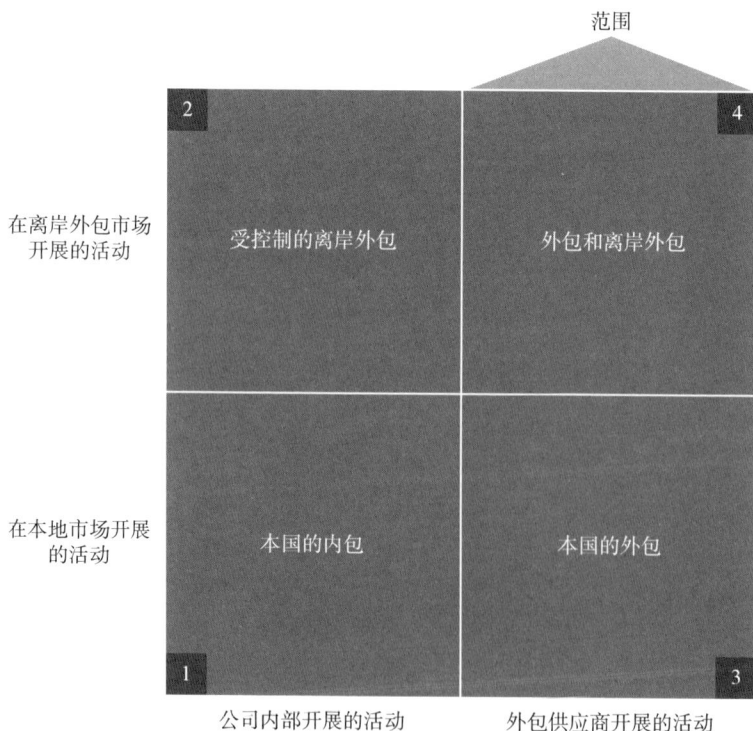

图1　外包与离岸外包的区别

比较优势：
做你最擅长的事，其余的外包

我是一个拙劣的厨师，我只会在烤架上烤奶酪和热狗，但我的妻子却是一个优秀的厨师。我妻子喜欢电脑但却很讨厌修理电脑，我（其实是有时候）很享受修理电脑。所以在家里她负责烹饪而我负责一个电脑工程师所做的工作——维修电脑。我们专注于各自喜欢和擅长的家庭事务，我的家庭在这种模式下运行得很好、很融洽。顺便提一下，我们两个都很讨厌熨烫衣服，所以我们会将熨烫衣服"外包"给当地的洗衣店，这让我的家庭生活更轻松、更快乐。

图2示意了两个工厂之间的贸易，是一个比较优势的经典案例。

爱达荷工厂一天可以生产5个土豆和2个橙子，佛罗里达工厂一天可以生产3个土豆和4个橙子。如果爱达荷工厂只专注于生产土豆，那么他们一天就可以生产10个土豆。同时，如果佛罗里达工厂只专注生产橙子，那么他们一天就可以生产8个橙子。若他们同意在土豆和橙子之间进行贸易交换，那么结果是爱达荷工厂可以保留5个土豆的同时，又多了4个橙子。而佛罗里达工厂在获得5个土豆的同时，仍可以保留4个橙子。

贸易之前	土豆	橙子
爱达荷工厂	5	2
佛罗里达工厂	3	4

集中生产	土豆	橙子
爱达荷工厂	10	0
佛罗里达工厂	0	8

进行贸易之后	土豆	橙子
爱达荷工厂	5	4
佛罗里达工厂	5	4

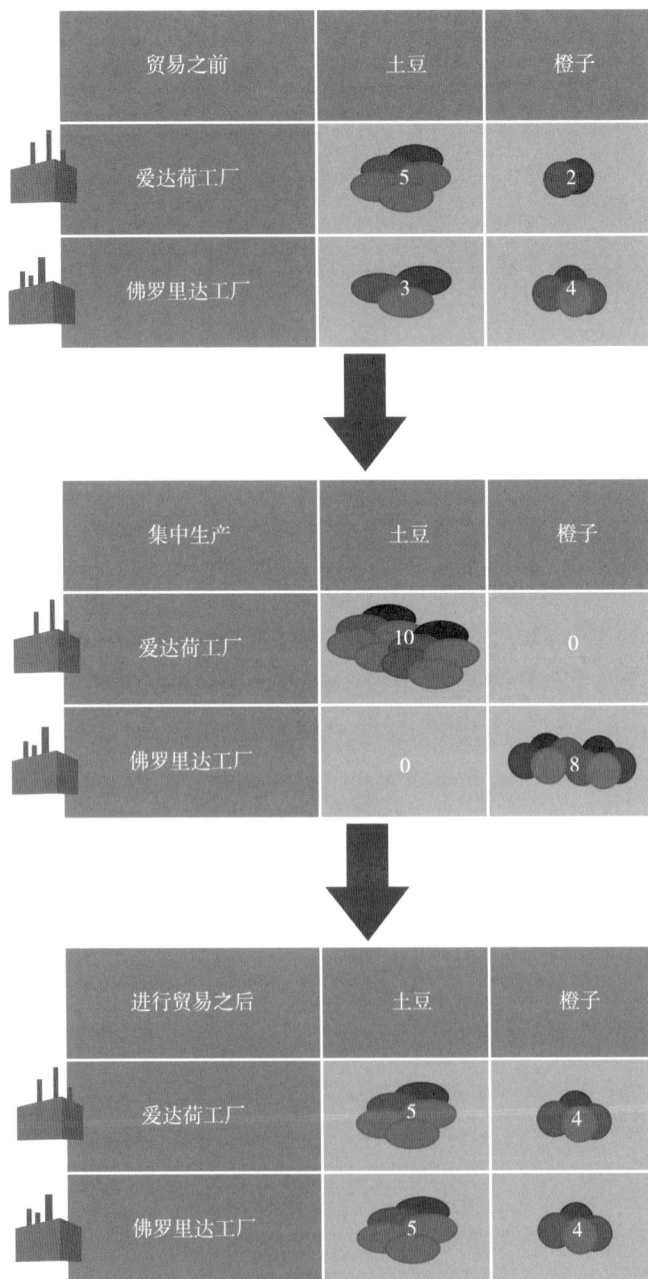

图 2 比较优势的经典案例

每个工厂的产量都比之前多，所以都获得了良好的收益。事实上，他们都将部分生产任务外包给了对方，这就是经典的双赢。当他们都把注意力集中在他们最擅长的事情上——爱达荷工厂专注于生产土豆，佛罗里达工厂专注于生产橙子——结果是他们都获得了成功。

> 他们善于领导、激励和创造。当他们投身于他们的使命时，他们充满活力。

一个组织的外包工作遵循相同的逻辑。许多非营利组织的领导在他们的领域中是开拓者。他们是推动事业进步的组织愿景的创造者、充满热情的倡导者。他们善于领导、激励和创造。当他们投身于他们的使命时，他们充满活力。但当他们转向会计、遵守人力资源管理规范且确保更新人员保险责任范围等诸如此类的烦琐工作时，他们就会失去活力。奇怪的是，这世上有些人（比如我）在专注于那些后台（勤）工作时会充满活力。我们喜欢成为支持性团队，为一线工作的人们提供帮助。

你能想象这样的情景吗？如果我们的会计师团队和当地的芭蕾舞团交换角色，互相执行对方的工作任务。我们的会计师对于在舞台上的工作会感到畏缩，他们穿着紧身衣，努力地跟上节奏，尽力地显得优雅。他们肯定会扭伤脚踝，且自尊心大受伤害。而大多数芭蕾舞者对坐在电脑前工作也会感到畏惧，他们要统计数字、解释拨款报告并复核银行报表……他们也许不会扭伤脚踝，但是他们肯定会因做着不擅长的工作而感到沮丧和无聊！

与土豆和橙子的例子一样，如果非营利组织专注于做他们最擅长的事，将会有更多的受益群体和更积极的项目成效呈现。例如，一个受过训练的会计师每周可能需要10小时来处理非营利组织的财务账簿。因此，一个月若正常工作160个小时，这名会计师可以处理16家非营利组织的财务账簿。同样，如果有16家非营利组织，没有一位受过专门训练的会计师，每月要在账簿上花费20小时，甚至于2倍时间，这意味着这16家非营利组织需要雇用两个全职人员来处理他们的会计账簿。但若是找一个受过训练的会计，这些非营利组织每星期将有40小时的空余时间来投入项目或推进工作。

> 在资源持续不足的非营利组织中，我们从现有资源中获得的越多，对于非营利组织的发展越有利。

在资源持续不足的非营利组织中，我们从现有资源中获得的越多，对于非营利组织的发展越有利。在 120 万个中小规模的非营利机构中，每月节省 10 个小时，就相当于把 75000 个人从行政工作转移到一线项目执行工作中。当然，精确的数学计算更加复杂，但是通过这个简单的例子你就可以看到机遇所产生的巨大力量。毫无疑问，外包可以增强非营利组织的能力。

外包就是将组织的非核心业务外包，只做组织最擅长的事。你可以在日常生活和职业生涯中运用业务外包——无论是干洗还是会计，将时间和精力集中在你最擅长的事情上。

外包的类型

外包不仅应用于后台（勤）事务

对于在 20 世纪 60—80 年代出生的人群而言（Gen-Y and Gen-X crowd），① 世界慈善水资源基金会是一家广为人知的非营利组织。它的创始人斯科特·哈里森曾是一家纽约夜总会的发起人，之后他转移至非营利组织，继续发挥他所擅长的宣传技能，并在非营利领域成为一位有领袖魅力的人物。世界慈善水资源基金会是推特的早期使用者，也是首批拥有 100 万以上粉丝的公众号之一。他们在纽约举办大型盛会并设立了一个创新性的募捐平台，将捐赠者与他们捐赠的水井"连接"起来。它在几年内就已经发展成为一家价值 3000 多万美元的机构。世界慈善水资源基金会的使命是给无数的发展中国家公民提供干净的饮用水。有趣的是，世界慈善水资源基金会自身不会去钻水井，也没有雇用工程师或地质学家。这是一家以提供干净的饮用水为唯一使命和目标的组织，但是它却没有雇用任何一个人去钻井，因为这家基金会将这些业务全都外包了出去。

世界慈善水资源基金会于 2008 年开始萌芽，这是一个年轻的机构。早期，它的创始人意识到已经有很多人在这个领域工作了，那些人几十年来一

① Gen-X：通常指在 1965—1976 年出生的人；Gen-Y：指在 1977—1986 年出生的人。——译者注

21

直在非洲的土地上辛勤劳作。那些人早就了解了当地的土壤状况、天气状况、地下水位等。为什么纽约的一群潮人要再去学习如何凿井呢？他们不该做这些，他们应该致力于吸引和鼓舞上百万的人（的确有这么多）去关注干净水源并为饮用水项目提供捐赠。他们意识到他们能够施加的最大影响和力量在于筹款与激励人们。他们的确在这方面获得了巨大的成功，筹集了数百万美元，提高了无数人的水资源保护意识。他们足够聪明，把供水项目链上的其他工作——钻井、雨水收集系统、生物沙子过滤器等业务，外包给其他人，让他们做他们最擅长的事情。

位于美国爱达荷州首府博伊西的创造共同利益 [①] 是另一个关于角色定位的例子。创造共同利益是为难民或其他有需要的人提供培训、就业的一家非营利组织。他们的体验式课程通过教人们钓鱼技能以及给人们提供新鲜、方便的当地食品来改变人们的生活。创造共同利益认同外包，且它正在对社会产生影响力，这要比从一个每年预算不足 100 万美元的组织中获益更多。通过由政府机构与非营利组织联合建立起来的组织网络，难民们来到美国，这些针对难民安置的组织为难民提供住处、卫生保健、英语训练，未来还可能提供就业等一系列服务与帮助。创造共同利益在观察这个系统的运作时，发现这个工作链中的薄弱环节是体验式职业训练。来到美国的难民各自有着非常不同的背景——有来自不丹的博士，也有不识字或不懂算数的索马里人。但大多数人可能会在语言（英语）方面遇到困难，训练这样一个多样化的群体可能是一个巨大的挑战。

创造共同利益看到了这个空白点并致力于此领域，现在它已发展成为一家杰出的机构，并取得了相当可观的成效。博伊西现存的移民安置组织经常给创造共同利益派遣他们的"客户"，让他们去创造共同利益接受培训。这些移民安置组织承认创造共同利益机构能够在某些方面做出创新的、有成效的事。移民需要经过同样训练的情况下，移民安置组织宁愿将这些业务外包给创造共同利益，而不是自己重复去做相同的培训业务。随着人们对此的极

---

① 创造共同利益（Create Common Good，CCG）是美国一家非营利组织，为难民和其他有需要的人提供培训和就业，帮助他们获得新技能并实现自给自足。——译者注

度关注，创造共同利益依次与这些移民安置组织沟通、合作开展工作，以满足难民们"更大"的需求。这些组织在为这些美国新社区成员提供服务的同时，也有着经济独立的共同目标。因为这些机构需要通过合作才能顺利推动工作，每一个机构都关注于自己擅长的工作，因此，博伊西的难民安置工作开展得游刃有余。

另一个例子是关于位于新泽西州纽瓦克市的协同变革中心[①]，它认同团队合作的理念，认为大家都应该去做他们最擅长的工作。纽瓦克市因它富有魅力的市长科丽·布克而闻名，也因脸书（Facebook）创始人马克·扎克伯格为纽瓦克的学校提

> 事实上，它做的不是这些事情，但却通过赋能帮助实现了这些事情。

供重大捐赠而闻名。协同变革中心的理念是为了改善纽瓦克市居民的生活，让纽瓦克成为一个"健康、安全、充满机遇"的地方。带着这些理念，你可能想象着它或许经营着一家健康诊所，提供深夜巴士服务，或为那些无业者提供职业培训。但事实上，它做的不是这些事情，但却通过赋能帮助实现了这些事情。正如其官网上所说："这个中心的角色在纽瓦克市是独特的，它不负责日常服务的提供，而是通过与决策者密切合作，帮助寻找解决问题的方法。该中心定位于促进社区、政府和其他机构之间的相互协作，并产生更大的影响力。"

这个中心找到它所擅长的方面——系统地分析问题，向决策者团队提供事实和数据，并找出解决方案来修复被破坏的系统。碎片化的解决方案解决不了纽瓦克市的问题，只有通过合作并且让每一方做他们最擅长的工作才是最好的解决方案。

这是一个令大多数非营利组织感到舒服、能够接受的例子，也是人们

---

① 协作变革中心（The Center for Collaborative Change）是一家以社区为基础的非营利组织，负责协调协作解决方案，促进新泽西州纽瓦克的蓬勃发展。其使命是让社区和公民领导参与政策和计划的制定，以加速纽瓦克的复兴。http://newarkchange.org. ——译者注

在社区中不断努力构建的协作类型。人们认为不同的组织在他们面临问题时发挥了不同的特长，这是没有问题的。人们赞扬和认同这种类型的合作。外包遵循着完全相同的哲学和逻辑。外包只是两个机构之间开展正式合作的一种形式。

外包你的后台（勤）事务：
捐赠者的视角

通常来说，当人们提起外包时都会想到后台（勤）事务。后台（勤）事务通常指记账、财务工作、人力资源、信息技术管理以及其他一些与组织基础结构相关的工作。这些大量的工作通常需要组织具备最高水平的专业知识。不管是好是坏，在一些非营利组织里，人们有个普遍的关注点，即用于项目的投入与筹款加管理成本的比率。所有部门和所有规模的组织中，这个平均值都接近 25%。

我们从许多非营利组织那里听说，人们拒绝给他们提供捐赠是因为他们的管理成本占收入的百分比太高了。像美国慈善导航[①] 这样的慈善评估组织专注于监测美国国税局990数据[②]，并基于这一数据比例创建计分卡。虽然关于基础性工作投入的合适百分比存在着争论，但每个人都认为一个组织若将 70% 的资金用于行政事务是不合理的。人们普遍认为，更多的时间、

---

① 慈善导航（Charity Navigator）：是美国一家慈善评估机构。专门以对慈善机构的财务状况做客观、公正、量化评价为己任，为捐赠选择提供重要参考。——译者注
② 美国国税局990数据（Internal Revenue Service，IRS 990 data）：官方称为"组织免税申报表"。是一份美国国税局表格，向公众提供非营利组织的财务信息。——译者注

精力和资源投入项目中会产生更好的效果。

然而，人们也认为为了实现组织目标，确实需要组织具备一定的能力以及必要的基础性工作。我们需要会计、理事会议和筹款，这些对于一个组织的运作都是必不可少的，但这些工作可以改进与优化，这样可以使我们稀缺的资金和时间才能发挥更大的价值。我们这些深入该行业的人讨论和争论了到底适当的行政成本支出的百分比是多少，我们了解运营一个非营利组织需要多少成本，我们对这件事倾注了热情与关切。我们希望每个人都花费时间和精力去理解运营一个非营利组织都需要什么，但是我们的资助者或其他人似乎不太在乎这些。研究调查和数据也支持此现象，一个简单的数字就能说明这一点（见图3）。

> 回答最多的是占比74%的"如果将较少的钱花费在行政运营上，我会捐得更多"。

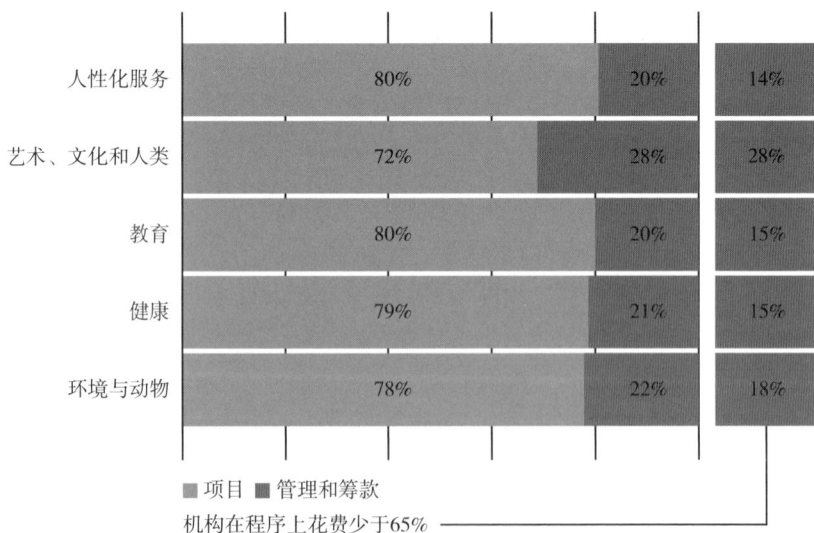

图3　非营利组织平均项目支出（按领域）

在一项民意调查中，几乎一半的受访者（62%的富有受访者）认为，他们关心的是非营利组织在管理和资金筹集上的花费。[1]

---

[1] 非营利性间接费用项目：美国印第安纳大学慈善中心的城市研究所非营利和慈善中心。

几乎一半的受访者（在分析他们应捐赠的领域）关注的是机构如何使用他们的资金。相比之下，只有 6% 的人选择了"满足真正的需求或者做出改变"作为捐赠的主要原因。[①]

在另一项独立调查中，富有的捐赠者被问道："怎样才能让你捐赠得更多？"回答最多的是占比 74% 的"如果将较少的钱花费在行政运营上，我会捐得更多"。回答第二多的是占比 58% 的"如果我能影响组织决策的话，我会提供更多的捐赠"。[②]

所以我们主张并且试图改变捐赠者的观念。但我们中的实用主义者知道，这需要我们付出大量的时间与精力。过去十年里，我们在这方面已经取得了进展，而且还需要更多提升，但是管理费用无疑一直会存在。鉴于这一点，许多组织关注他们的管理费用所占比率，并使用合理方法来确保管理费用保持在适当的比率上（见图 4）。

图 4　项目费用与管理费用占比

外包能够帮助组织减少他们的管理费用和间接开销。美国童子军协会曾经做过一个全国性的研究，证明了地区行政主管花在当地社区建设、项目执行、抽空等事项方面的钱越多，其会员也会越多。这里所说的地区行政主管包括那些工作在一线的致力于社区建设、项目执行、筹款等人员。但用在记

---

① 非营利性间接费用项目：美国印第安纳大学慈善中心的城市研究所非营利和慈善中心。

② 引自：美国银行的高净值慈善事业研究；美国印第安纳大学慈善中心，2006。

账员和会计师身上的钱产生的结果就不一样了。此外，随着美国童子军协会在地区行政主管的社区建设、项目执行等方面事务增加了开支，其会员数量、服务范围、影响能力都在增加。的确，将钱花在项目执行上对于组织运行来说是一个良性循环，这也是非营利组织存在与发展的原因所在。

后台（勤）外包的类型

后台（勤）事务外包形式多样。有些组织，像位于美国华盛顿特区的提供外包开发的奥尔公司，他们与筹款顾问有所不同，他们实际上做着很多涉及发展和筹资的外围工作。由于严格的筹款规则，他们不筹资（这是发展客户组织的工作），但是他们负责准备所有的通话列表、维护数据库、协调事务等。另一家组织是位于美国纽约的劳伦斯·帕格尼诺联合公司，它作为承揽后勤事务的组织，专门为中小型非营利组织筹款，并为大型活动提供咨询服务。

较为常见的外包业务主要涉及信息技术、人力资源以及会计等工作领域。随着云计算的崛起，信息技术外包的成本已经显著降低。无论你的组织规模如何，技术的应用和计算机的支持都变得更加触手可及、价格低廉。在吉塔莎，截至 2012 年夏天，员工规模刚达到 50 人时，我们将信息技术外包给了一家为迪士尼提供信息技术支持的公司。目前，我们外包出去的技术平台和技术系统都更加规范，可满足各类规模组织的需求。在与迪士尼共享平台的基础上，我们在规模拓展以及专业性提升方面也获益不少。基于此平台，这家承揽外包业务的组织既能去帮助只有少量员工的机构，也能去帮助有成千上万名员工的机构。另一家机构办公室神童（Office Prodigy）在新英格兰北部开发了一种创新模式，它为整个地区的非营利组织提供个人电脑维护和信息技术支持的外包服务。这样，服务器、局域网、网络连接、微软应用、Mac 应用程序以及基于云计算的应用程序都能够被远程监控和维护。每个非营利组织不再需要专门的信息技术人员并为其支付工资，也不需要"意外的技术人员"（指那些没有受过培训但却是员工中最有技术的人），这些人通常被默认为是小规模组织里的专家，他们完全出于个人奉献而尽力为机构做一些技术层面的工作。但是有了互联网和信息技术方面专家的帮助，他们仅占用一点时间就能维护好电脑，并且往往会有不错的结果。

> 人力资源管理合规就像保险：当你知道它的用处再去处理相关事务时就已经晚了。

几十年来，在人力资源外包中，薪资部分的业务外包被广泛接受。这个例子说明专业化是外包产生的重要原因与合理性所在。在美国国税局严格的税收与预扣款项相关规定下，核算员工薪资是一项复杂的工作。建立这方面的专门知识体系，可能需要数年的时间，而资薪服务公司已经具备了这些专业知识，因此，许多机构都选择将此领域业务外包出去。外包的其他典型领域还包括人力资源福利采购和人力资源管理。

位于美国华盛顿特区的非营利促进中心为非营利组织提供了联合起来获取医疗福利的途径。通过联合去做这件事，为大多数非营利组织会员节省了大量的开支。安德普翰[①] 是全球领先的资薪服务供应商，它开通了"411"服务热线，为组织解答人力资源方面的法律问题。在美国每六个人的薪水中，就有一个运用了安德普翰的服务。人力资源方面的规章制度很复杂且在不断发展变化着。有一个随叫随到的专家并为你解答有关解雇或潜在诉讼的棘手问题是很宝贵的资源。人力资源管理合规就像保险：当你知道它的用

> 财务和会计外包可能是非营利组织中最常见的外包业务。

[①] 安德普翰（Automatic Data Processing, ADP）成立于 1949 年，是美国自动数据处理公司，定期发布就业人数数据，提供业界领先的在线工资和人力资源解决方案等。——译者注

处再去处理相关事务时就已经晚了。

唐纳德·帕克汉姆是吉塔莎理事会成员中的一员，人们将他视为人力资源外包之父。当他在英国石油公司担任高级副总裁时，就已经将公司的所有人力资源业务外包，并获得了里程碑式的巨大成功以及对于外包的广泛认同。当他在美国联邦调查局（FBI）担任人力资源总监时，他继续将那些相同的外包规则应用于手头的工作中。

唐纳德相信，人力资源外包服务的供应商现在才开始了解非营利组织的规模和需求。一个二十人规模的非营利组织与美国联邦调查局或英国石油公司的外包是非常不同的，但是随着人力资源外包的收费正变得不那么昂贵且易于被接受，越来越多的非营利组织愿意选择外包服务。

财务和会计外包可能是非营利组织中最常见的外包业务。人们对专业化的需求带动了外包的发展。非营利组织会计比营利组织要复杂得多，它包括公认会计原则（Generally Accepted Accounting Principles，GAAP）的所有制度规定，还包括非营利组织自身所特有的一些规定。如果你问一个披萨店的老板，他赚到的钱中有多少是使用受限制的，他可能会瞪你一眼或很明确地告诉你没有任何钱是受限制的，他可以随意花那些所赚取的钱。但是非营利组织的领导者必须努力解决好诸如资金投资限制、可偿还补助金、赠款报告、特别事项财务等问题。耶鲁大学的学生在 2008 年对 300 多家非营利组织开展了一项调查，调查发现财务和会计是非营利组织愿意外包的第一大领域。专业化的需求推动了这种直观的认识，即外包对于组织整体工作的推动是有帮助的。

吉塔莎是一家承揽财务和会计外包业务的供应商，每年开展客户满意度调查。客户一直把"为了获得专业知识"列为他们雇用吉塔莎的首要原因。外包不仅是为了节约成本，它是为了获得专业知识以及复杂的非营利记账和会计所需的专业技能。我经常提到"孤单记账员综合征"（lonely bookkeeper syndrome）这个词，大多数非营利组织规模比较小，他们不需要

> 外包不仅是为了节约成本，它更多的是为了获得专业知识。

专门设立一个由 5 人组成的会计部门，这样做会大大增加非营利组织的运营成本。因此，"孤单的记账员"会尽他们最大的努力去理解并遵守非营利组织财务记账的各类复杂规定。当出现问题时，他们能问谁？不能总去问财务主管。从统计学角度看他们不太可能会成为注册会计师，但更有可能成为理事会中最具"商业气息"的人。非营利组织的执行负责人则更像是组织的顾问或治疗师，而不是注册会计师。看来，"孤单的记账员"不管其意图有多好，都缺乏必要的专业知识。

我们发现，节约资金是非营利组织选择外包服务的一个关键驱动因素，但是能得到所需技能与节约时间也是组织选择外包的重要原因。一个好的后勤事务外包供应者应该帮助组织至少实现以上两项目标，三项更佳。在有些情况下，当一个组织尤为看重上述三项外包益处其中之一时，也有可能选择外包服务，并且随着时间的推移，他们也会逐渐意识到外包所具有上述三类好处（见图 5）。

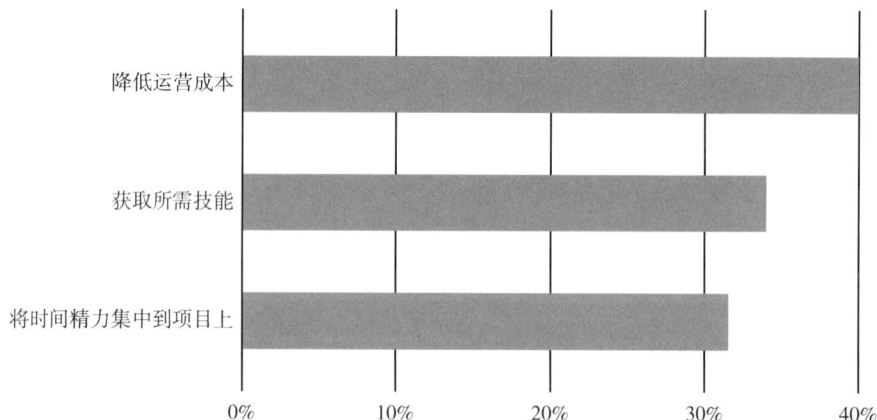

图 5　非营利组织选择后勤事务外包服务的首要原因

注：数据来自 2008 年的耶鲁调查

外包你的工作空间

支付租金也是一种外包形式。这是我们大多数人都在使用的一种外包的形式，但也许我们不会称之为外包。人们都会选择一个供应商（即房东）为他们提供空间、维修、工作洗手间等服务，而不会专门去雇用保安和维修人员，这样会增加人工成本。作为交换，我们只需支付租金就可以了，这是一个双赢的局面。比起十家组织分别经营十栋大楼的正常运转，而让一位"房东"通过租赁的方式为十位"租户"提供办公场地，这对于每家组织以及整个社会都是经济实惠的做法。这是另一个经典的双赢的做法，它很常见，我们也认为这是理所当然的。当我们外包组织的其他业务时，相关原则及受益情况也大多相同。

大多数组织都没有自己的办公楼，所以租赁是很自然而普遍的。吉塔莎就是从一个商业孵化器（business incubator）开始发展起来的，那是一个由博伊西市翻新的旧仓库，为初创企业提供低成本租金。我们当时能够支付起价格适中的租金，并很快有了一个配备家具的办公场所、一位接待员、一台复印机、互联网和会议室。这是一个很好的起点。我们现在搬到了一个更大的办公楼里办公，我们支付房租，而房东负责所有的设施维护和清洁服务。

有些组织，如潮汐基金会或马林空间，他们为非营利组织提供共享空间。非营利中心网络（Nonprofit Centers Network）是潮汐基金会的项目之一，它致力于给非营利组织提供多租户共享的非营利中心与高质量的工作空间。

许多社区都有非营利机构聚集的区域。蒙大拿州博兹曼市有一栋办公楼，它位于黄石国家公园的前门，这栋楼每隔一扇门都有一家不同的环保非营利组织。通过共享空间，大家一起分享创意、开展项目合作、避免重复研究等现象在这栋大楼里也悄然而生。从集体外包所带来的集体收益是靠单一组织无法实现的。相比较于购买办公场地，他们获益于工作场地租赁这一外包业务，还在日常工作事务中增加了员工的互动，从而获得了更大的收益。

"大"与"小"

外包可以帮助任何规模的组织。吉塔莎所服务的客户规模，小到每年预算少于 5 万美元，大到年度预算超过 1 亿美元。由一些较小的分会、理事会或附属机构组成的全国联合组织也是能够体现外包价值的潜在客户。大规模组织可能会考虑战略转型——关注于提升他们的核心竞争力。这样做或许不是为了获得更多专业知识，而是为了将组织的时间和精力集中起来去做它更为擅长的事情。一个好的外包供应者应持续创新、降低成本、提高效率。在吉塔莎，我们经常从 200 多个客户中选取服务效果最好的客户，并将我们对这家的服务方式应用于其他客户。外包供应商以独特的方式为组织带来很多无形效益，而这些无形效益往往在财务报表上体现不出来。总之，任何规模的组织机构都能从外包中获益。

为不同规模的非营利组织带来收益

在非营利组织的世界里，"大"和"小"这两个词的指向有所不同。在市场上，年均收入 5 亿美元的公司可能属于中等规模企业。但在非营利领域，除了医院和高等教育学校，5 亿美元规模的组织会被认为是极大型组织。大约 90% 的非营利组织年均收入小于 1 万美元，这表示他们很有可能只有 5 名到 15 名工作人员。这就是在我看来一提到组织规模，我认为 90% 的非营利组织都属于"小"规模组织的原因。

已经"实现规模化"的大组织仍然能从外包中受益匪浅。财富 500 强的公司最早了解到外包的好处，这点并不是巧合。格伦·戴维森是吉塔莎一个外包公共部门的顾问兼国家级专家。他最近的评论认为：若把接受外包比作一场旅程，他感觉非营利组织还处于旅程的起点，他还说非营利组织对待外包的态度在 2007 年至 2011 年发生了显著的改变。

图 6 揭示着同样的趋势，它来自 Equaterra 外包服务顾问公司，现在是咨询公司毕马威的一部分。随着科技变得更加触手可及，更多服务供应商和社会企业家都试图服务于非营利组织，而且随着人们思想观念更加开放，越来越多的非营利组织将会开展服务外包业务。就像非营利组织在适应公司企业资源规划（enterprise resource planning，ERP）软件系统方面的速度较

慢一样，非营利组织在接受外包方面也落后了。所有迹象都表明在非营利组织领域，服务外包的接受程度在不断增强。

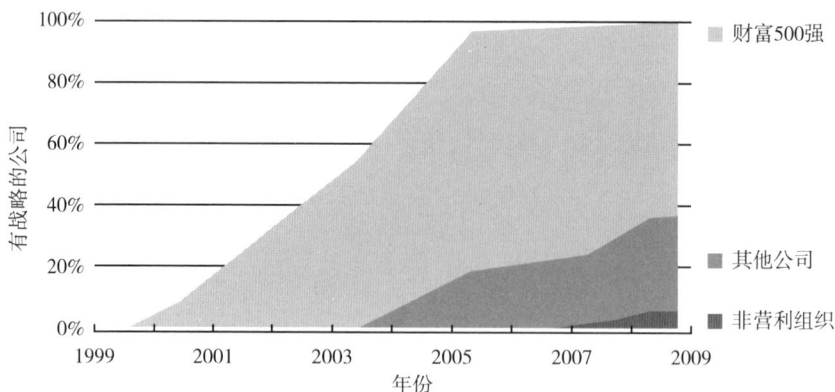

图6　外包／离岸外包的战略实施

注：根据 Equaterra 外包顾问公司的说法，非营利组织刚刚开始采用曾由企业实施的外包战略。

同样值得关注的是，尽管《财富》500 强企业都规模宏大，他们依然在积极地追求着外包所带来的好处。1996 年，我与埃森哲咨询公司致力于杜邦信息技术公司外包的计划。埃森哲咨询公司在这一项目上安排了 200 人工作了六周，仅仅是为了提出一个行动方案。最后，杜邦信息技术公司将其信息技术外包给了两个不同的供应商。这是 1996 年迄今为止最大的信息技术（IT）外包交易。英国石油公司由于拥有数以万计的员工，将其绝大多数人力资源业务外包出去。这些 500 强公司选择外包都是因为他们想专注于他们最擅长的事业。

这不是组织谋求规模增长的问题。

这是组织谋求发展需关注的问题。

杜邦信息技术公司希望专注于工厂运营效率的提高和研发工作，公司管理层并不在意谁持有个人电脑微软办公软件的许可证等问题；英国石油公司想要致力于石油勘探、生产安全以及替代能源研究，英国石油公司的高管们不想花时间管理健康福利、失业救济申请等问题。他们想致力于他们最擅长的领域或他们想要有所成就的领域。通过外包信息技术和人力资源福利管理等业务，这些组织得以把时间和精力转移到可以推动实现组织使命的那些事务上。

对大型非营利组织来说也一样。国际世界宣明会[①]总部设在华盛顿州西雅图市郊外，但其员工和业务遍布世界各地。它已经在菲律宾的马尼拉建立了一个服务中心，该中心主要负责分析、了解来自世界各地的数据。作为一个国际组织，将组织集中在马尼拉并非合理的做法，也不符合其使命，但国际世界宣明会通过招募马尼拉当地的人才，培训出一支约30人组成的团队来帮助其设在世界各地的办公室开展工作。而这些分散在世界各地的办公室雇员超过4万人，且总预算超过20亿美元。国际世界宣明会知道，通过在马尼拉建造这样一个"卓越中心"将会增强它们分析和解释数据的能力。卓越中心已经创立了一套标准过程并且已经训练了人们如何下载和分析数据，以及如何汇总数据以促进高效管理。基于这些可靠数据，卓越中心得以为世界各地的区域经理提供月度报告。

国际世界宣明会创建这个共享服务中心的最初目标不是为了节约成本，而是为了提高工作效率。尽管马尼拉的劳动力确实比美国低廉，但与建有国际世界宣明会分部的其他国家劳动力相比，马尼拉的劳动力成本更高一些。

吉塔莎和一家位于纽约的有超过1000名员工的大型博物馆有业务合作。即使这家博物馆规模很大，它在每年12月的假期和夏天仍然非常忙碌；博物馆拥有由三十多人组成的财务部门，它依然要努力地满足不断变化的客户需求。招聘和解聘员工并不是件容易的事。引进临时财务记账人，对他们进行复杂的甲骨文ERP软件系统（Oracle ERP system）培训，几周后再看着他们辞职离开，面对这种情形，这些组织只会体验到强烈的挫败感，并且这样的做法代价极高。这时候就需要一个外包合作伙伴，它可以快速应对需

---

① 国际世界宣明会（World Vision International）是一家以儿童为本的国际性救援、发展及公共教育机构。——译者注

求高峰。当时吉塔莎有大约 150 个客户，他们都有着各自不同的活动高峰期。

尽管这家博物馆规模很大，但作为一个外包供应商，吉塔莎拥有不同的业务规模。我们根据季节变换把工作分散给不同的客户，从美国童子军夏令营到夏季较少开展活动的学校，这是一种典型的双赢。通过大量的工作，我们可以给博物馆提供更优惠的服务。现在这家博物馆在单一供应商选择与根据需求做出灵活应变方面能达成一致共识。

特许经营和附属性非营利组织是"中等规模非营利组织"的另一个例子。这些组织都有国家品牌，但通常是服务当地的独特 501（c）（3）组织 ① 。像基督教青年会、美国童子军协会、美国儿童许愿基金会、特奥会等很多机构都应用这种模式。有一些已经向国内或地方集中转型，有些公司外包了他们全部或部分后勤业务，还有一些保留着原先分散的形式。这些组织中，许多在几十年前就已经建立起来了，甚至还有超过 100 年发展历史的。当时，权力分散是组织运营的唯一方式。在美国童子军协会建立的初期，飞机才刚刚被发明出来。而现在这个时代，随着高科技的发展，非营利组织可以选择他们自己的运作模式。有许多研究阐释集中管理的利与弊，其中最权威的研究来自耶鲁大学管理学教授莎伦·塞特。

在他的研究结果中有件事是可以肯定的：共享服务对大多数组织来说是有用的。项目的影响和文化的影响往往微乎其微，而节约的资金和质量的改善是显著的。这些钱可以节省下来并可转移用到组织的项目和关键任务上。共享服务，或者说服务外包，是通过网络实现节省财务费用、提高整体质量、将资源集中于核心业务上的快捷方式，它免去了并购或其他节约成本的方式所带来的麻烦。

---

① 501（c）（3）组织是根据《美国法典》第 26 编第 501（c）（3）节 免除联邦所得税的公司、信托、非公司组织或其他类型的组织。——译者注

外包还是共享，服务还是兼并

　　非营利组织圈子里很久之前就已经开始讨论兼并与联合的话题了。美国的非营利组织曾经一度发展迅速，数量激增，约有 140 万到 160 万个，平均每 250 个美国人就拥有一家非营利组织。我曾经参加过很多非营利组织会议，在会上，非营利组织领导人和理事会成员都就合作或合并的必要性进行了富有哲学意义的思考和阐述。"我们应该联合起来一起工作，分享办公空间、财务人员，还有行政助理。""可能我们应该合并！""为什么这个社区需要多达三个年轻的倡导组织？"毫无疑问，所有在圆桌会议上的领导都会对上述倡议表示赞成。

　　这时我会开心地问道："好，非常好。那么，谁能来组织和领导这件事呢？"这时每个人都会退缩并且避开眼神对视。这就像童年时听到的"母鸡和她的面包"的故事一样。故事的大意是这样的：一只母鸡问其他动物能否帮她收集谷物、打谷、准备生面团、烘焙面包，但没有谁想去帮忙。随后在准备吃面包的时候，所有动物都想分享母鸡辛勤的劳动成果。协作所面临的挑战是一样的——每个人都想要获益，但是没有人想要付出。

　　外包可以解决这个"起始能量"的问题。兼并或共享服务这件事要花费大量的时间和精力，有无数的决策要做，有无数的过程要执行，有无数的技

> 协作所面临的挑战是一样的——每个人都想要获益，但是没有人想要付出。

术要实施。在人事、理事会结构等方面的事务，都要做出耗时且无比艰难的决策，需要有人花相当多的时间去领导和指导这件事，需要有人去启动这一过程。但当人们进行外包并选择一个可靠的供应商合作伙伴时，那些供应商已经建立好了所有体系和工序，他们已经根据清单开发好了所需的一切，并将协助你完成相应工作。他们可以帮助每一个组织各自实现规模增长，提高服务质量，并专注于他们最擅长的领域。

兼并和共享服务是一项艰巨的工作。你需要有坚定负责的理事会、无私的领导、一位专注而乐于奉献的项目经理、一个律师团队、对细节的共识、一套治理架构等，这里仅列举了一些在兼并或共享服务工作中可能遇到的障碍。有许多关于成功兼并的好例子，当然也有无数兼并失败的故事。美国童子军协会全国办事处定期帮助促进 300 个服务机构的合并，这个全国办事处能为合并工作提供极大的项目规划与发展方向等方面的支持。然而，即使有这样一个有力且中立的倡导者，合并也是非常艰难的。举个例子，当你合并两个邻近的童子军机构，而这两个机构都有着二十多年来一直致力于童子军事业的理事会成员和员工，那你会选择让谁离开呢？做这些决定带来的痛苦常常超过合并所能带来的经济效益，这些都是很棘手的问题。此外，大部分非营利组织既没有美国童子军协会规模所带来的利益，也没有他们 100 年来处理这些问题的丰富经验。

潮汐基金会在 2010 年提出了"共享服务：协同解决方案指南"（Shared Services：a Guide to Creating Collaborative Solutions），可以在其官网 www.nonprofitcenters.org 查看相关信息。这项研究概括了组织是如何从共享服务与后台（勤）协作中受益的，并列出非营利组织建造属于自己的共享服务中心的合作方式。它可以作为指南来给人们介绍如何建立共享服务中心。这本指南内容丰富、调查全面，并且肯定会对这个领域的某些组织有益。但当你阅读和浏览工作日程表和项目执行计划时，你会很快被选择这条路所需的极大精力、努力与潜在风险所吓倒。这本指南也指出，设立一个复杂的共享服务项目花费极高，其中有一整个章节都在讲如何将花销分配给不同的合作伙伴，这些都是复杂而又真实的问题。迈耶基金会在其外包报告中也支持这一观点：

> 没有财政支持，共享服务似乎难以维持。许多服务提供方和参与此研究的非营利组织专家表示，虽然享有共享服务的各方成员都希望从共享资源中受益，但却没有人愿意去经营、执行这些共享服务中心，甚至也不愿掌握其所有权。当一涉及"范围和个性"、技术、法律和心理屏障——谁掌握控制权、谁掌握数据、共享时间和关注等方面的分配公平性等问题，分歧就会显现。即使各方合作者具有高信任度、明确的合同和高期望值，他们维持和管理共享服务模式的精力也会随着时间而衰退。就像一位资深且见多识广的后勤服务供应商所说："我们希望非营利组织可以跳过共享服务这一步，从一开始就转向更好的解决方案——外包。"

值得一提的是，许多财富500强的公司是从建立共享服务中心开始的，并以此支持各部门的活动。随着时间的推移，各部门开始为成本分配和降低服务水平而争吵不休，于是这些公司决定通过建立外包关系维持公司的良好运转。曾为通用电气公司（GE）所拥有的简柏特公司，是一家以内部服务中心起家的公司。通用电气公司最终决定将简柏特分成独立实体，这样就可以避免复杂的共享服务相互依赖等问题，还可以享受明确的客户–供应商关系。简柏特公司的网站上写道：

> 简柏特公司有一个独特的传统，这有助于我们深度理解业务流程。我们从1997年开始作为通用电气公司的一个业务部门，从头开始创建公司。我们的宗旨是为通用电气公司提供业务流程服务，以实现卓越的效率。在接下来的八年里，我们获得了从管理简单到复杂的广泛业务的

机会，我们的业务遍及通用电气公司的金融服务和制造企业。2005 年 1 月，我们发展成了一家独立的公司，将我们在精益六西格玛（Lean Six Sigma）[①] 的专业知识和独特的 DNA 带给通用电气公司以外的客户。我们的新名字——简柏特，传达了我们对客户带来的商业影响。

解雇一个表现不佳的供应商要比管理一个表现不佳的内部服务中心容易得多。内部服务中心需要解决这些问题："我今天是服务 A 组还是服务 B 组？"或"我应该请求增加多少预算？"而在外包关系中，这是供应商需要解决的问题。供应商必须去应对与处理面对竞争时应优先考虑的问题，比如：是冒着客户流失的风险提高价格？还是定价高于竞争对手？

通常由资助者推动的非营利组织的许多善意举措，最终由于复杂的成本分配协议、资本启动金以及治理结构等不能达成一致而中途夭折，比如试图建立共享服务中心建设或合作协议等。

外包能避免上述问题的产生。外包合作伙伴已经一次性解决了上述所有问题，并且所有客户都能从中受益。你能想象建立一个由 50 名会计人员和注册会计师组成的会计共享服务中心，然后说服 200 个非营利组织入驻此中心，并就该中心的成本与时间分配、工作流程进行协作吗？这可能要花费很长时间，而且很可能永远难以取得进展。然而，这却是吉塔莎在 2008 年至 2011 年间所做的事情。那 200 家非营利组织不需要在同一时间达成一致，并且他们分散在世界各地。他们在 3 年到 4 年的时间里分别来到吉塔莎，并独立地做各自的决策。但他们协作在一起就能获益于共享服务。在特殊环境下，合作与共享可作为一种策略，但外包也是可行的，且很可能是一种潜在的、更加有益的策略选择。

简·马萨卡是《蓝色鳄梨》（*Blue Avocado*）杂志的编辑，她在 2011 年 9 月写了一篇很棒的文章，名为"只有运营不良的餐馆才会扩大规模"

[①] 精益六西格玛（Lean Six Sigma，LSS）是精益生产与六西格玛管理的结合，其本质是消除浪费。精益六西格玛管理的目的是通过整合精益生产与六西格玛管理，吸收两种生产模式的优点，弥补单个生产模式的不足，达到更佳的管理效果。——译者注

（Only Bad Restaurants Go to Scale）。
简·马萨卡一直都是非营利组织的思想领袖，
对非营利组织的很多传统观点能保持冷静、
客观公正的态度。在本文中，她阐述道：单

> 非营利组织有一个
> "最优规模"。

位生产成本通常随着合并而上升，而非下降。举个例子，如果目前不需要审计的两个 100 万美元的非营利组织合并，那合并后的新组织可能需要审计。这会使新实体成本更高，而不是更低。她写道："在经济学中，这个是边际成本（marginal costs）增加而非减少的例子。简单来说，在工厂中可以用机器以 1.5 倍的成本生产 2 倍的商品，但一个社会工作者却做不到这点。事实上，一个大组织必须在质量管理和复杂的人事系统管理上进行投资，而小型组织只需稍加注意便可管理好上述业务。"

但是，合并和共享服务背后的意图是明智的。80% 的非营利组织规模都很小，年收入都不到 10 万美元。另外 10% 的非营利组织年收入低于 100 万美元。所有这些组织都需要理事会、财务、人事、保险、信息技术、基础设施维护等业务。让每一家小型组织都建立上述这样完整的职能体系，可能有点愚蠢，或者成本过高。非营利组织有一个"最优规模"。由于资源太少，小型非营利组织就像被冻结一样而无法正常开展活动；规模太大，非营利组织便会丧失社会利基 ① 供应方的地位，无形中会增加单位服务成本，并很可能难以与他们的受助群体保持联系。但总的说来，非营利组织还是填补了社会的某些需求市场，因此我们希望各种规模的非营利组织都能存活并蓬勃发展。《时代》杂志（*TIME*）在 2011 年 11 月发布了关于美国贫穷问题的文章：

人力示范研究公司 ② 的调查报告花费了几十年的时间评估了很多扶贫项目，正如其主席戈登·柏林所说："我们看到越来越多的证据表明

---

① 利基（niche），是指针对企业的优势细分出来的市场。——译者注
② 人力示范研究公司（Manpower Demonstration Research Corporation，MDRC）是一家美国研究教育与社会政策的非营利组织。——译者注

小规模组织更加高效。"

小规模也可以很高效，调查数据开始揭示这一点。小型组织可以正确、明智地开展工作，从而真正有助于推动社会发展。

外包是非营利组织实现规模化发展的另一种途径，且不会影响到非营利组织自身所具有的灵活性。对一个已经选好市场利基的小组织来说，更需要集中时间、精力、资源去做事。当资源不足时，寻找组织的比较优势并积极地专注于发挥其优势就更为重要了。

组织无须通过合并或与其他组织合作来实现扩大规模。他们可以外包非核心功能，并专心做好一两件组织所擅长的事。当非营利组织可以利用和捕捉人类的潜能，并解放数百万人去专注于他们喜爱的工作，我们就可以看到所付出的努力、时间及泪水能给我们带来更大的回报。

外包解决了与兼（合）并有关的许多问题。当你要执行业务外包时，你其实是要选择一家提供外包服务的合作伙伴。这种关系很明确，你雇用企业来帮助你，他们也有要达成的服务标准和要实现的业绩目标。相反，在合并关系中，尤其是对等组织的合并中，二者的关系是不明确的，比如谁有哪些决策权？在合并后的新的实体中谁来做哪些工作等？考虑和解决这些问题要花费很多时间和精力，而外包几乎避免了所有上述问题。

> 规模小，但依然能做到高效，调查数据已经开始显示出这一特点。

与合并有关的另一个会反复出现的问题是自我意识与工作保障。以前会有两位理事会主席，两个执行理事，两个项目负责人。在合并后的组织中，你现在只需要其中一个。尽管从事这个行业的大多数人都对获取更大的利益真正感兴趣，但当涉及我们自身的工作和利益时，人们也很难置身事外。外包避免了这个问题，它保障了组织的规模，并且无须对领导者和志愿者进行裁员。

有些情形下确实会有兼（合）并，但这不是解决问题的唯一方法。100%的财富500强公司都有外包业务，并不是所有公司都急着通过合

（兼）并来发展，合（兼）并也不一定能解决组织规模发展的问题，此外还需要投入大量的时间和精力，从而大大减少了成功的概率。毫无疑问，对组织来说，发展无疑是需要合作的，但合作只是另一种不太正式的兼并形式，合作仍然需要价值观、目标、自我意识的高度一致，合作需要巨大的启动能量和强有力的领导人。合作可以执行得很漂亮，外包则更是如此。

共同关注的议题

时间与金钱

对大多数非营利组织而言，金钱比时间更稀缺。工作时间长点或找个志愿者都是可行的，而找到更多的资金却很困难。所以非营利组织的决策者自然会更倾向于基于他们充裕的资源即时间，而相应地做出决策。

这会导致他们陷入认为外包是不可行的思想陷阱，因为外包要花钱。通常在小规模、工作强度较大的组织中，在预算里多加一项支出是不可能的。这个逻辑是这样的：为理事长节省时间固然是好的，但他仍要每周工作 60 小时，而找一家记账公司帮忙使他只需工作 50 小时，又单独增加了预算，这并没能给组织省钱，这种情况很真实，这种想法在非营利织组中也很普遍。然而从长远来看，拒绝业务外包将会使组织陷入死亡陷阱，它创建了一个系统，其运转依赖着过度劳累的人们以及他们持续不懈的奉献。麻省理工学院社会学专家奥利弗·霍尔描述了内在收益递减法则（Law of Diminishing Intrinsic Return），即最后人们的奉献会随着时间的流逝而消失，因为他们不乐意去做诸如记账那些工作，这会让员工远离自己的使命。因此，如果你的策略是依赖于人们的奉献（即使你并未明说），那你就建立了一个员工奉献精神日渐消亡的体系。这最终会造成员工精疲力竭和人员流动的后果，这也是非营利组织经常面临的两个重要问题。通过让人们专注于他们喜欢的和擅长的事情，可以避免这种恶性循环。

迈耶基金会在 2009 年题为"小型非营利组织的后台服务外包：困难与可能性"（Outsourcing Back-Office Services in Small Nonprofits: Pitfalls and Possibilities）的报告中明确指出：

> 对于那些最需要改善后台服务的组织，外包在短期内可能不会为他们节约成本，但从长远看可以为这些组织节约成本并产生显著的长期效益。花很少的钱来履行某项职能的非营利组织，如将此职能外包给其他公司并不会节约成本。然而，如果外包意味着执行主管和其他关键工作人员可以在项目和组织战略方面投入更多时间，并且能较少分心于那些他们无暇打理，且不擅长的重要工作（或因害怕忽视后台职能而带来严重后果而分心），那么组织就可能获得显著的长期效益并大大节约成本。

生活中大多数事是一样的，我们总需要在短期与长期效益之间进行权衡并做出取舍。

管理青年宣传组织的人通常喜欢与青年共事。当他们为年轻人提供咨询、与他们一起玩耍或帮助他们在世界中找到自己的发展道路时，他们会充满活力。当被迫讨论预算、保险政策或人力资源管理规章等问题时，他们就会失去活力。我与在青年服务组织工作的执行主管克里斯蒂娜·杰克逊（注：不是她的真名）交谈时，这一点非常明显。她的组织举办了一个令人惊叹的全国性项目，这个项目招募市中心的儿童，并为他们提供一流的暑期学校体验。孩子们在暑期学校里学习生活技能、阅读和算术等，这些学习有助于缩小成绩差距，这种成绩差距跨越了社会经济界限。无数研究表明，暑期学校发挥了一定的作用。当克里斯蒂娜谈论项目成效时，你可以看到她的眼睛发着光，可以听出她声音中流露的热情。她可以随意说出学生的名字，并记得几年前的细节。她滔滔不绝地讲着研究人员多年来调查成绩差距的统计数据与研究报告。然后，当我问她关于财务状况和年度预算时，她的整个举止都变了。她的眼神回避了一会儿，肩膀微微地垂了下来，开始回答我的问题。当她机械地告诉我有关收入和开支的事情时，她的语调变平了。在进一步的谈话中，她承认自己不喜欢这个领域，并接着说："当我和财务记账员交谈时，感觉就像瞎子领着瞎子转，毫无目标。"克里斯蒂娜有工商管理硕士学位，所以她比大多数非营利组织的领导人都更有经验。在我们服务的非营利组织中，我常常看到这一点，那些热情、动机明确的执行主管会因去做实现组织目标所需的构建组织架构等方面的琐事而失去了工作的动力。

克里斯蒂娜意识到了这一点，并开始有意识地从战略上思考如何更好地利用自己的时间（无论是短期还是长期），于是她开始接受后勤（台）外包。她想要增加暑期学校合作伙伴的数量，每一所学校都大大增加了当地社会经济条件较差的儿童享受暑期学校服务的机会。来自捐助者的资助某种程度上鼓励了她做这件事的热情，因此也相应地获得了资助成果，因为资助者想要这个组织拥有稳定、准确、控制良好的财务系统。克里斯蒂娜意识到，对项目的热情和所掌握的专业知识是她做这件事的激情与力量的来源。当她陶醉并致力于此事业时，这个组织就会兴旺发达。但如果她要尽力做更多自己并不擅长的事务而偏离组织的发展方向时，她真正的才能和激情就会逐步消退。

外包是确保非营利组织领导者能处于最合适工作岗位的一种方式。外包能使创建组织所投入的精力最小化。而且外包是帮助我们无私的非营利组织领导者保持积极状态的一种方式。那些担心继承计划、领导留任等事项的理事会成员应该了解外包其实是有助于保持非营利组织领导人工作动力的一种方式。

罗经点 ① 和迈耶基金会的"敢于领导2006年"（Daring to Lead 2006）研究指出："有限的管理基础和缺乏行政支持是导致执行主管更替和精疲力竭的关键。"让我们的领导者专注于他们擅长的事情，就可以让组织摆

> 那些担心继承计划、领导留任等事项的理事会成员应该了解外包其实是有助于保持非营利组织领导人工作动力的一种方式。

---

① 罗经点（Compass Point）是一家非营利组织。——译者注

脱恶性循环，进入良性循环。当我们的领导人充满动力且精力充沛时，他们周围的人也会被感染。当这些组织领导人参与社区治理、筹款和改善项目时，社会就会因此而受益。

非营利组织领导人都是充满激情的人，他们需要对组织负责，我们应该帮助他们专注于他们最擅长的事情。当他们能够把时间花在他们最享受的事情上时，他们将是最有效率的，其组织也将产生更好的成效。

我会失去控制吗

组织不想外包的首要原因是他们认为外包会使自己对业务失去控制（见图7）。财富500强公司的数据几乎与耶鲁大学的学生在2008年的调查结果吻合：

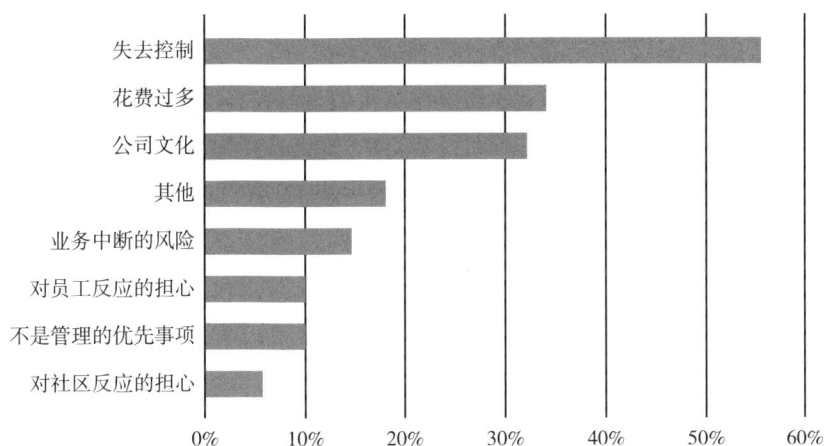

图7　非营利组织不与其他机构合作或拒绝外包后台（勤）服务的原因

控制是一个非常现实的议题，然而，很大程度上它其实是一个个人感知的问题。正如劳伦斯·帕格尼诺在一篇文章中所写：

例如，一些非营利组织执行主管会因一次与咨询顾问不愉快的经历产生偏见。他们将这种体验定格，并在记忆中回放，从而阻止了他们再次雇用一个可能有能力把事情做好的咨询顾问。员工表现不佳而被解雇，难道就不招募新员工了吗？同样，与一位拙劣的咨询顾问不太愉快的工作经历，为何会成为聘用另一位咨询顾问的障碍？

在这种情况下，我们的想法是，对于员工，能够根据需要控制他们、找到他们、雇用他们、解雇他们、替换他们。但是，只要有管理经验的人就会知道这并非事实，也没有那么简单！员工们通常不听从他们老板的命令；他们会忘记准时上班；在被解雇之前，他们一定多次收到过来自人力资源部的警告。控制员工只是表象。开除一个顾问或供应商比开除一个员工容易得多。所以，虽然有一种缺乏控制的感觉，但在某些情况下，你实际上是通过与外界开展合作增强了你的控制权。

在文章的后半部分，劳伦斯·帕格诺尼继续写道：

萨瓦斯（巴鲁克大学公共事务学院首席教授）研究了八个主要城市中将相关服务外包给非营利组织的地方政府。他认为：他们（地方政府）十分担心会失去控制，尽管有外包业务的地方政府发现他们实际上获得了更多的控制权。萨瓦斯也是《私有化》（Privatization）的作者，该书是关于私有化的重要著作。

印第安纳波利斯前市长斯蒂芬·戈德史密斯曾外包了约80项服务，包括水厂、固体废物（即垃圾处理和铺设道路）。他说："我对私人承包商的控制超过了我对自己员工的控制。"

一个好的外包业务承包商有明确的业绩目标，并且有动力和激情去实现它。

也有许多例子表明，有些外包服务供应者不履行责任，把他们的客户困在一个糟糕的长期合同中。因此，在订立初始合同时必须多加注意。一些供应商给予客户一个月内任何时间、任何原因终止合作的权利，并向合作组织连续通知此消息 30 天。这为客户提供了很大的灵活性，并激励供应商不断为客户创造价值。

另一个典型的关于控制的领域是数据。到底是由非营利组织还是外包商拥有数据？好的供应商应当允许客户拥有自己的数据。供应商不应该在提供糟糕服务的同时，将客户的数据作为人质一样威胁客户，这是在拟定合同阶段应该考虑的另一个重要因素。

另一个有关加强控制和缺乏控制的例子体现在确定部署安排的过程中。自动数据处理公司 [①] 提供纳税担保。如果你未支付工资所得税，这家公司会支付所有来自美国国家国税局的罚款与处罚。但如果是你的内部薪资专家犯了这个错误，要求他们支付罚款，

> 再次强调，与管理自己的员工相比，这实际上给了非营利组织更多的控制权。

这在法律上是不被允许的，你也不能因此而扣薪资专家的工资。任何一个理性的人都不会苛求自己的员工为错误买单。你唯一能做的就是解雇他们，但这似乎是为一个错误买单过于严格的处理方式。但外包伙伴往往会为自己的错误付出代价。**再次强调，与管理自己的员工相比，这实际上给了非营利组织更多的控制权。**

最后，再举一个对员工活动进行控制的例子。在吉塔莎，我们以 6 分钟的间隔跟踪员工活动。借助吉塔莎独特的客户联络门户——互联网，客户可以随时与员工取得联络。客户可以实时地查看到，一个工作人员账户上所体现的他们在任何给定的任务上花费了多少时间。一位客户最近对我说："与我们内部记账员相比，我知道更多关于你们所做的工作。你们在 1500 英里（约 2414 千米）外，但她坐在我旁边的办公室里！我不知道她是在浏览美国联合通讯社网站还是在浏览脸书，我不知道每周美国联合通讯社的工作需

---

① 自动数据处理公司 Automatic Data Processing, Inc., ADP（NASDAQ：ADP）创立于 1949 年，总部位于美国新泽西州罗斯兰，是全球最大的服务提供商，提供雇主支薪服务、交易商处理服务、客户理赔服务等计算机及金融投资的服务。——译者注

要 10 小时还是 30 小时。"一个好的外包供应商应该能够在工作和活动中保持足够的透明度。如果外包商不愿意提供完全的透明度，你应该继续寻找更好的合作伙伴。

控制是一个非常实际的问题。然而，这在很大程度上取决于感知与事实，选择合适的伙伴是关键所在。你需要确保在原始合同中明确你所需的控制权和透明度。通常当你对于合作进行深入而仔细的分析时，与正确的外包供应商合作实际上提升了你的控制水平。

我需要先将"房间"收拾好吗

小时候，妈妈总是在她要打扫房间的那天叫上我们四个孩子一起清理房间。我们经常开玩笑说为什么我们要为了房间保持整洁而打扫房间。25年后的现在，我结婚了，我妻子也告诉我同样的事情！很明显，这样做的目的是为了让房间井然有序，人们便可以使用吸尘器吸尘，而不会把书、玩具和衣服弄得乱七八糟。外包也是一样的，"房间"无须为了外包而保持整洁，但是房子的主人有义务使房间保持整洁。

有些组织可能会选择先将组织职能转移给供应商，然后进行改革。另一些则在转移的同时就进行组织职能改革。关于这一点，并没有良方，但通常最终目标是改革和提升。图8显示了外包关系中的典型进展过程，总的来说，外包合作前几个月的目标是对以往业务不造成任何破坏，并确保有所进步。随着时间的推移，优化的效果便开始显现（有些人可能在转移时优化，但选择因情况而定，这取决于组织能力、特殊的情形以及总体的项目目标）。

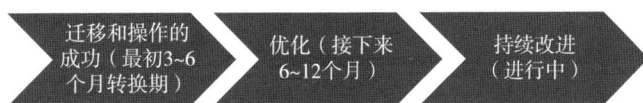

迁移和操作的成功（最初3~6个月转换期）　优化（接下来6~12个月）　持续改进（进行中）

图8　外包关系中的典型进展过程

图9来自我们的信息技术外包合作伙伴之一。它一针见血地展示出了外包的整个过程。他们将下降的那个阶段称为"实施之谷",任何经历过大型信息系统运行的人都有所体会。就比如你将原来的PC电脑换成Mac电脑,你会在最初的几周甚至几个月里很不适应。但很快,你在Mac电脑上的效率甚至比以前更高,而且你的整体效率也得到了提高。

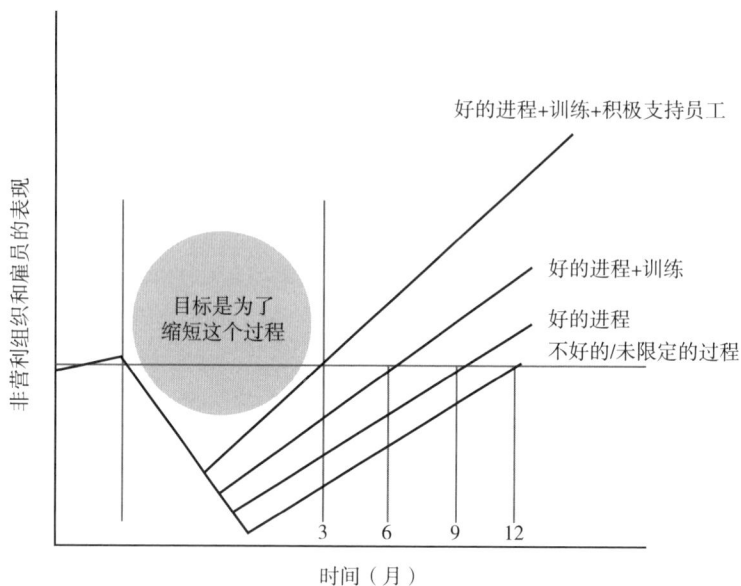

图9 外包的整个过程

对于组织来说,你越多地投资于改进流程与培训以确保有积极支持你的员工,生产力下降的那段时间就越短,你也会越快地从所付出的时间与精力中获得回报。因此,在外包之前,你不必先将"房子"整理好,但确实需要将流程改进列入计划。

其次值得注意的是,外包其实是一种相互依赖的伙伴关系。外包供应商依靠客户的数据、信息和客户对程序的遵守;非营利组织则依靠供应商来达到一定的服务水平,并且以此在社会上树立值得信赖的良好印象。当一方失败,另一方也会受影响。

> 外包其实是一种相互依赖的伙伴关系。

客户依赖于供应商取得成功，而供应商则依赖客户来帮助他们取得成功。

例如，在吉塔莎，我们实际上不在非营利组织的办公区域里工作。因此，当非营利组织通过邮件收到发票时，他们要打开这封信，扫描它然后发给吉塔莎。在此过程中，我们对发票到达或到期的时间一无所知，如果非营利组织未向我们提交发票，我们可能无法按时支付账单，客户就会认为吉塔莎的工作很糟糕。所以我们依赖于客户及时向我们提供相关信息。同样，当客户按期向我们提交发票时，这笔业务就会按时进入分派流程，但如果我们的团队将账单交付日期改为 8 月 7 日而不是 7 月 8 日，则账单就可能会延迟支付。正如我们依赖客户一样，客户也依赖我们。

正如另一个例子，在吉塔莎，我们负责准备执行理事在理事会议上对组织财务状况的汇报材料。理事会会议是每个月汇报财务状况的重要时刻，如果财务报告都准备齐全，一切都能顺利进行，相反，如果吉塔莎没能按时准备好报表，双方都会很尴尬。同样，如果客户未能及时向我们发送相关材料，我们就不可能提前准备好汇报材料，这样的话，我们都会处于尴尬境地。我们依赖客户，客户也依赖我们。我们其实相当于加入了客户的队列，所以我们都是同一个团队的一部分，朝着同一个方向前进。

由于这种相互依存的关系，外包合作伙伴自然而然地促成了合作过程中各种规则的形成。合作伙伴通过合作业务帮助组织重新梳理过程与流程，这有助于使混乱的状况变得井然有序。在吉塔莎，从第一天起我们就帮助客户改变和优化流程和程序。继续以发票的例子来分析，有些组织可能没有记录编码发票的表格或对发票进行分类的习惯，因此，我们会给他们提供一个表格模板来使用。从第一天起，我们就在帮助他们创建改进的流程和程序，以确保我们能够胜任此项工作。

> 合作伙伴通过合作业务帮助组织重新梳理过程与流程，这有助于使混乱的状况变得井然有序。

事实上，外包合作伙伴遵守流程规则的能力是有限的。内部管理混乱的非营利组织认为外包是挽救他们的良方，但这也可能会让他们感到失望。另外，外包供应商不应要求客户的"房子"必须井然有序。当客户开展业务外包时，咨询顾问不应要求他们必须是完美的，客户只需要表达一些改变的意愿即可。在外包合作关系中也一样，它需要乐意做出改变以及乐意接受更高水平管理规则的意愿。内部管理混乱并致力于改善的非营利组织很可能会发现，外包合作伙伴正是他们想要做出改变、强化流程规则所需要的得力帮手。

所有权：我能把所有工作都外包出去且高枕无忧吗

与外包商合作时，执行主管难免有要回避责任的意图。"哇，这再也不是我的责任了！"因此，需要强调的是，虽然外包合作是相互依存的关系，但最终，非营利组织的执行主管要为组织的绩效负责任，理事以及理事会要为非营利组织的各项业务负责任。

尽管非营利组织可能不从事外包工作，但它属于外包工作的委托方。执行主管或许不知道如何写财务报告，但他们需要理解这些报表内容并能够向理事会汇报。对于人力资源、信息技术等其他业务外包都是如此。比如在管理 IT 供应商过程中，你可能不需要知道如何编写软件代码，但你却需要了解和理解他们所做的工作。最后，你的确需要一些知识才能为组织做出正确的决策，好的供应商在这个过程中能帮助到你。他们可以解释清楚他们在做什么，以及做的必要性，并给你提供做出正确决策的工具。这就是在不放弃所有权的情况下开展组织能力建设。

如果你是首席执行官、首席财务官或首席运营官，那么这件事情会让你感到轻松。外包让你不必背负必须擅长去做另一件事的负担了。你不必精通

> 这就是不放弃所有权的能力建设。

所有事情，只需擅长几件事——通常这些事也是你热衷去做的事情。

值得注意的是，供应商和技能管理是有效管理外包关系的重要技能。供应商管理可能与员工管理非常不同。好的方面是，管理供应商往往比管理雇员需要更少的时间。从我的经验来看，项目管理与有效获取资源是大多数执行主管所拥有的关键技能。他们习惯于将供应商、志愿者、理事会成员以及其他参与活动的部门拉拢在一起进而达成共同的目标。大多数执行主管在组建团队（往往是无形的、不断变化的）以达成目标方面经验丰富。这些技能也可以应用于外包供应商管理中。

最后，由于它与所有权相关，因此可以使用多种合作模式。你可以选择将完整的某项职能（如人力资源管理）外包，也可以选择仅将该职能的一个部分外包，如福利管理。你可以将内部员工管理和外包专业知识结合在一起，以实现一个共同的目标。大型组织可能会采用"同类最佳"的选择方案，该解决方案包含多个外包合作伙伴。还有一些组织则选择单一外部资源，并与单一供应商合作，以简化管理。对于小型组织来说，这些选择并不复杂，但是对于大型组织来说，这些选择就显得非常复杂了。外包咨询公司，如毕马威的 Equaterra[①] 可以帮助组织思考这些问题并帮助提供决策。对于更大的合同，比如涉及 1000 万美元以上的合同，建议聘请第三方咨询顾问。这类似于在约会和订婚期间雇用婚姻顾问来帮忙。咨询服务可以帮助双方建立富有成效而健康的长期合作关系。

[①] Equaterra 于 2011 年 2 月 18 日被毕马威会计师事务所收购。Equaterra 作为毕马威成员公司网络的一员，继续在信息技术、财务会计、人力资源、供应链管理和其他业务流程方面提供全球采购咨询服务。——译者注

羞于承认"我不知道"

外包的一个心理障碍是承认我们在有些方面是无知的。我们中的很多人不喜欢承认我们在某些方面不擅长，因为这往往令人尴尬。**一种常见的心理特征是用防御来掩盖缺陷。我在非营利金融基金的一位朋友把这种现象称之为"无知的坚持"。**

总的来说，我知道我们都认为我们不需要擅长一切。我坦白而愉快地承认我不明白汽车的工作原理。我的妻子是一名机械工程师，她在通用汽车公司的车身车间工作。她在这方面当然比我能干，我只是没有兴趣或时间去做这件事。纵然我有时间和兴趣，我甚至都分不清哪个是引擎，哪个是散热器。哪怕如果我是靠给车辆换机油谋生，我也难确保能做好这件事。出于不同原因，我们都很乐意把这些事外包给当地的机械师去做。当我们的洗碗机漏水时，我甚至没有想过自己去修理它，我会直接打电话叫维修人员上门维修。

在我们的组织中，我们需要对自己的优势有同样的自我意识。我们需要了解我们擅长什么，以及在哪里（哪些方面）我们需要给擅长的人让路。非营利组织领导人从事了一辈子的项目运作和实际的社会工作后，被推到领导职位上，他们可能会对运营非营利组织这项难以置信的任务感到惶恐不安。

2011 年 11 月，主根基金会（Taproot Foundation）主席阿伦斯·赫

> 一种常见的心理特征是用防御来掩盖缺陷。我在非营利金融基金的一位朋友将这种现象称之为"无知的坚持"。

斯特为《赫芬顿邮报》（*Huffington Post*）写了一篇文章，题为"经营一个非营利组织比经营公司更难"。他提出了六个非常有说服力的论据。再加上在各地奔走的能力建设咨询顾问向全世界宣告非营利领导层极其匮乏，这也难怪非营利组织领导人会有些提心吊胆。人们对这些负面压力的反应都是把自己封闭起来并努力证明我们能行，"伙计们，我可以做到！我什么都知道！"但这并不是最好的应对措施。非营利组织的领导人需要有信心专注于他们最擅长的事情，并乐于承认在有些领域他们需要外部专家的帮助，这将有利于非营利组织的能力建设。

结束语

专注于你的核心任务

吉塔莎，作为一家致力于为非营利组织提供外包服务的组织，我们也外包很多其他事务，比如信息技术、部分人力资源管理职能、市场营销等。我希望我们团队中的财务记账员和会计人员要特别注重顾客及他们的需求。我希望他们在非营利组织会计方面做到精益求精。令他们分心的事越少，他们就会做得越好。我们投身于非营利组织，并致力于提供卓越的客户服务，将那些分心的事用外包方式来解决。

问问自己，在内心深处，是什么给予你和组织发展的积极能量？在哪些方面能取得最好的成绩？哪些事务会消耗你的精力？在哪里或哪些事、哪些环节中你会感到难以应付？当你列出上述事务的清单后，就要开始考虑解决上述问题，并排出优先顺序。也许可以通过授权给另一个员工解决，也许通过外包方式解决。我们在这本书的后面附了一个简单的评估问卷链接，这会是一个你开启能力建设及加强组织建设进程很好的开始。

如果能有效利用外包方式，作为组织发展战略，可以显著提高非营利组织的自身能力。能力建设无须把重点放在教授员工如何做每一件事上，而要有全局观并专注于如何利用有限的资源实现项目目标。作为个人或组织，做你最擅长的事情，你就会感到充满活力。这听起来是不是很吸引人？

后　记

我们都读过管理学书籍，参加过许多企业发展研讨会，讨论为什么有些企业兴旺发达而有些企业却以失败告终。这些讨论往往围绕着领导素质以及为什么有些领导者会偏离发展轨道，而另一些人则能把他们的组织推向新的发展高度。专家们会告诉你，真正关键的因素是战略规划，而有些人则认为把关注点放在公司的核心竞争力上最重要。

我可能见过了所有用来描述成功关键要素的词语，但我最近才意识到，成功词典中缺少一个词，这个词就是"勇气"。在外包语境下，勇气是审视某种可能性以及判断最终一个人或组织能否在努力中获得成功的最重要的决定因素。

我曾有机会参与了一些比较成功或不那么成功的外包活动。正如每一位咨询顾问在过程开始时都会告诉你的那样，工作中要获得"领导认同"是最重要的。这不仅意味着领导层（对于非营利组织来说，包括高级领导团队和理事会）支持对于外包某项职能所开展的初步审查和分析，也意味着不管后果如何，领导层都愿意为他们的支持行为承担责任；正如威廉·莎士比亚所说，他们乐意承受那来自"狂暴命运无情的摧残"。

外包并不容易，而且在初始阶段很少能按照预期执行。因此，领导层从一开始就要设定正确的基调和期望就显得至关重要。我经常告诉内部利益相关者，对于我们即将开始的外包业务，我只能保证一件事，那就是执行外包业务的过程不会那么完美。

人们所厌弃的"20/80"定律^①这时候往往会起作用。事实上，这不是什么坏事，人们往往从错误中比从成功中学到得更多，而且当人们愿意选择接受一条崎岖不平的道路时，往往会有一个更好的过程和结果出现。同样，这需要勇气，因为在解释为什么事情没能按照计划发展时，领导层将会被推到风口浪尖去承受风险。如果提前告知人们将要发生或出现的变化时，可能会有助于减轻那些必定会到来的冲击所带来的负面影响。

外包需要勇气，就跟我们从熟悉的业务转向新业务要承受风险是一样的。我承认非营利部门最大的弱点之一是没有能力承担适当的风险，并去接受"不那么完美"的结果。这一点在我们这个领域可能更为明显，因为在任何重大变革中，我们必须保证变革过程要更具包容性和协作性，这种协作实际上是一件好事，因为与传统的逐利环境相比，我们预先获得了更多收益。

此外，由于广泛的投入，业务进展顺利的可能性也随之大大增加。然而，由于非营利组织的文化使然，我们还是不够大胆。要让每个人都参与，这需要投入太多的工作，我们当然做不到为了推动组织发展而使所有人对每件事都达成一致。而且，如果某些事情进展不顺利，我们还会遭到反对者穷追不舍的指责。

因此，组织及其领导人必须勇于接受不是所有人都支持我们所付出的努力这一事实。当最初实施过程没有完全按照计划进行时，这些人反对的声音最大。他们会说："好吧，我不是那种说'我告诉过你'的人，但是，我确实告诉过你！"勇敢的领导和组织这时候会挺身而出，并提醒这些人说，最终结果会让组织发展得更好。虽然这些话听起来很简单，但我总惊讶于这种状况却不常发生。

现在，勇气和鲁莽之间可能只有一条微妙的界线，但我认为，在大多数情况下，在业务外包活动中很少遇见需要我们做出生死攸关决定的时候。我

---

① "20/80"定律也称"帕累托最优法则"，是19世纪末20世纪初意大利经济学家帕累托发现的。他认为，在任何一组东西中，最重要的只占其中一小部分，约20%，其余80%尽管是多数，却是次要的，因此又称为"二八定律"。——译者注

们当然不想鲁莽行事，我们经营的是非营利组织，人们依赖于我们提供的服务。不过，我认为风险会给组织带来长远利益，这是一种接受变革、接受创新、接受我们永远都能做得更好的理念文化。

当然有些人可能会争辩道，我不相信社会会将非营利组织视为能产生创新的温床。这些争辩是有原因的，通常人们的确不愿意冒险去改善自我或改善组织，我们总是担心如果出了问题该怎么办，而不去关注因为没有创新，事情的进展却没有原本应该有的那么顺利。而勇敢的领导者和组织则愿意推动他们的组织文化向着能取得更好结果的方向发展。

外包需要领导者接受这种文化，这在非营利组织中是一个相当新的观念。重要的是，这种改变通常会带来直接的经济效益，其中一些效益则尤为直接，因为人们可以通过转移到外包环境来量化某种劳动力套利 ① 。通常情况下（虽然并非总是如此），集中外包非营利组织的后台（勤）职能要比外包某种特定后勤服务更为划算，这就是我们在"经济学 101"课程中学到的"规模经济"相关知识。

同样重要的是，外包在改善组织运行方面也具优势。例如，将某些后台（勤）业务外包出去可以减少因员工流动所产生或带来的问题。对于小型非营利组织尤其如此。当财务人员离开时，你与组织都会处于危机中，因为其他员工可能并不具备财务技能。因此，你可能连续数月都无法向理事会提交财务报告，或者最终理事会成员要为此承担责任。但如果你的组织开展了财务外包工作，这种事就不会发生了。

在外包领域，承接后勤事务的公司有很多人业务精湛，随时都能派上用场，且这些人已经具备了直接参与并处理客户活动的技能。我可以举出一些小的非营利组织反对外包的例子，这些组织最终向外部审计师支付的费用远超外包公司一整年的服务费用，因为外部审计师必须花费额外的时间来整理、检查和测试组织中那些并不多的财务活动。在这个真实的例子中，我认为"放手"比在组织内开展某些活动需要更多勇气。

---

① 劳动力套利是将已失去技术优势与技术壁垒的产业转移至劳动力价格低廉的地区，通过降低人力成本来提高利润。——译者注

我很清楚，继续做你正在着手的事情并不难，这不需要任何勇气。然而，要一定程度地放弃对后台（勤）活动的控制权确实需要勇气。有趣的是，我发现在大多数情况下，当你移步转向利用外包方式执行某些后台（勤）业务时，其实你根本没有放弃太多控制权，你仍然拥有着属于你的数据、控制着你的交易、你的供应商得到服务性收费、你的理事会每月会收到财务报表。事实上，这些报表可能还比以往做得更好、更准确！外包公司只仅仅提供服务而已。

营造开放、包容的外包组织文化，需要做出感性而非理性上的改变。人们会分析说将某些功能外包出去更划算，从理性角度看，我们都能做出这样的判断。然而，由于"要让组织的一切运营都在控制之中"的感性需要，人们甚至会坚定地拒绝讨论这个概念，看来，放弃对控制的感性需求的确需要勇气。

这本书提出了一个主张，即非营利组织应该把重点放在最擅长的事项上。因此，这表明我们可能做了一些其他人可以做得更好的事情。实际上，放弃我们所做的一些工作也许是有意义的，这样就可以发挥"比较优势"。我们做我们最擅长的事情，而让别人去做我们做得不好的事情！

我一直认为，大多数人在非营利环境中工作都是为了"行善"。虽然有些人加入非营利组织是为了监督人力资源、信息技术和金融活动，但对于大多数人来说，进入这个行业是为了改变别人的生活、使世界变得更加美好。我很少遇到一些非营利组织的执行主管迫不及待地去做一些薪酬管理等非核心业务，其实他们更需要去做筹款、执行项目等核心工作。但是为了专注于他们最擅长的事情，他们必须愿意接受这样的观念，即如果让别人为他们做一些非核心业务，他们的组织会发展得更好，但这需要勇气。

库尔特·克勒默（Kurt Kroemer）

美国人类联合组织首席运营官

美国许愿基金会前首席运营官

附　录

现在该做什么

你可用 15 分钟回答以下这些简短的问题。

1. 贵组织的核心能力是什么?. 贵组织比其他类似组织做得更好的是什么么？什么使你的组织与众不同？

2. 什么让你的团队成员精力充沛？什么让你的团队感到筋疲力尽？你的团队擅长做什么？你的团队在哪些方面做得不够好？

3. 你的个人优势和劣势是什么？什么会令你精力充沛？什么会让你筋疲力尽、失去动力？

4. 填写图 10，将如下项目填入 2×2 矩阵模型：

a. 项目（可以随意列出你的每个项目）

b. 筹款——市场营销和出版物

c. 筹款——捐赠数据管理

d. 筹款——补助金

e. 筹款——项目

f. 人力资源管理职能

g. 信息技术基础

h. 信息技术应用

i. 网站管理

j. 记账员与会计

k. 工资

l. 预算

m. 其他业务流程……

对于规模较小的组织（<10 名员工），纵轴表示执行主管对手头业务按时间紧迫程度排序的个人偏好、什么让他精力充沛？以及他喜欢做什么？

对于更大的组织，或全国联合性非营利组织，纵轴更多地与核心竞争力和未来组织发展重点有关。比如：领导层希望人们把时间和精力集中在哪里？你在组织中的领导者形象是什么样的？你吸引的是充满激情的项目人员，还是行政人员？当审视你的人际网络以及你的组织所吸引的人群时，你了解他们的技能状况以及他们在时间安排方面的偏好吗？

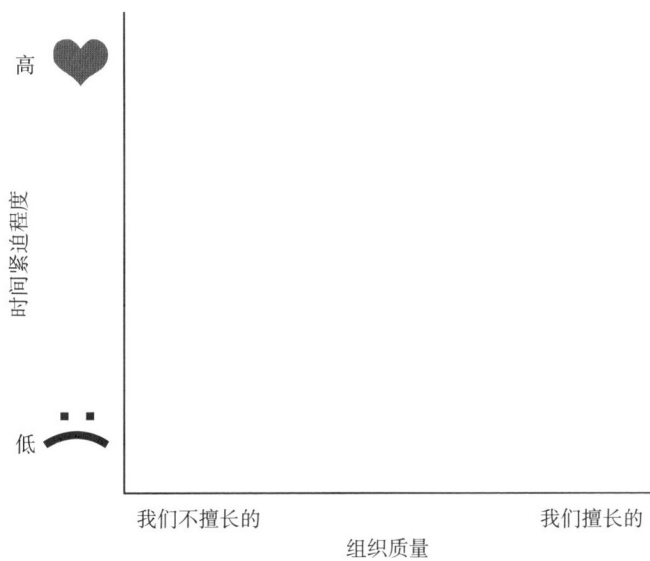

图 10

现在，将你的答案与图 11 做比较。

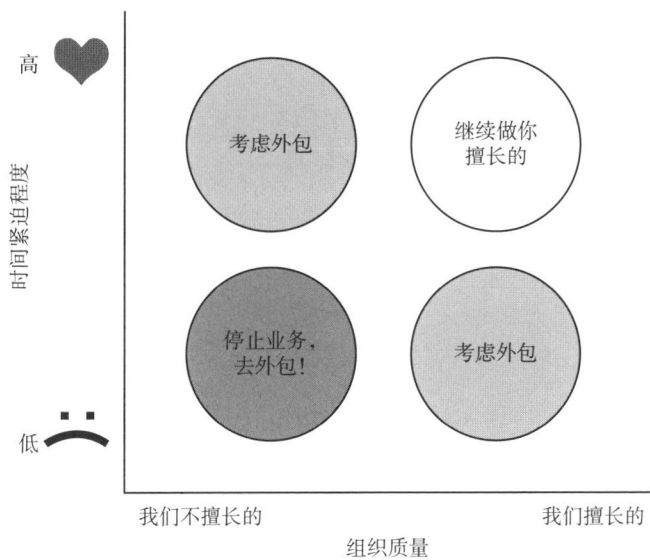

图 11

5. 在考虑业务外包的时候，成本也是一个考量因素。对于你填在"停止业务，去外包！"区域或"考虑外包"区域的部分，请估算如下内容（这个问题可能需要做一点小功课或一个小项目来确定现有成本和一两个外包供应商的成本）。见图 11：

    a. 目前的直接成本（每年）：＿＿＿＿美元

    b. 目前的间接成本（每年）：＿＿＿＿美元

    c. 外包供应商的成本：＿＿＿＿美元

    d. 外包将会（请圈出如下一个）：

        i. 节省经费

        ii. 成本适当

        iii. 虽贵但值，因为节省时间和／或提高质量

        iv. 太昂贵，不值得外包

完成了这个简单的练习后，你就可以开始构建一个组织发展路线图，它将帮助你确定对稀缺资源（时间和金钱）的最佳利用方案。也许你从外包一个属于"停止业务，去外包！"象限的部分开始，一旦成功，那就着手开始另一个领域。或者，如果你喜欢一次性做出更多改变，并且从关键员工那里获得支持，那么可以考虑将多个职能同时外包出去。

这份简单的清单能帮助你梳理思想，并且也是你构建或重建组织的最佳途径。最后，它应该能帮助你集中精力做你最擅长的事情。

创造共同利益

"创造共同利益"从这本书的销售中获得收益。

"创造共同利益"用食物来改变生活。

使命：

我们为难民和其他需要帮助的人提供培训和就业。我们的体验式项目通过培训钓鱼技能以及提供新鲜、方便的本地食品而改变了人们的生活。

为什么要创造共同利益？

构建一个自给自足、健康的群体不仅仅是一个衡量生活质量的指标，它更是一项经济投资。通过执行为难民以及低收入家庭提供培训、解决就业以及获取健康食品渠道方面的项目，我们正在尝试用这些方法解决失业、公共服务依赖、不断上升的医疗成本和肥胖等社会问题。

如何创造共同利益？

● 培训：通过提供食品相关行业的工作培训和就业机会，我们可以帮助人们实现自给自足。在过去的四年里，我们培训了300多名成年难民户主，为爱达荷州的经济发展投入了600万美元。

- 食物：13.5%的爱达荷人获得了食品补助，77%的成年人与81%的儿童没有得到推荐数量的供应水果和蔬菜。"创造共同利益"正致力于社区合作，通过增加新鲜、健康的方便食品供应来解决问题，并为低收入家庭提供他们需要但往往无法获得的营养。

关于吉塔莎

吉塔莎（Jitasa）前身为"简单办公室"（Easy Office），是一家社会企业。它为全国 200 多家非营利机构提供经济实惠的金融和会计服务。吉塔莎成立于 2007 年，由一群耶鲁大学的工商管理硕士和动量集团共同创建（现在是广为人知的"创造共同利益"，是一家 501c3 组织[①]）。吉塔莎的存在是为了满足非营利组织的需求，是一家经过认证的 B 型企业。[②]

[①] 501c3 是美国税法第 501 条 c 款第三段，501c 条款列出了 26 种享受联邦所得税减免的非营利组织，第三段则列明了宗教、教育、慈善、科学、文学、艺术、公共安全测试、促进业余体育竞争和防止虐待儿童或动物等七个类型的组织。在 501c3 条款的作用下，这些组织可以接受免税捐赠，同时承担着公益使命。——译者注

[②] B 型企业（Benefit Corporation，B Corp），即共益企业是一种商业组织形式，2007 年出现于美国，需经认证。它存在的主旨是：以实现公共利益为企业目标。——译者注

作者简介

　　杰夫·拉塞尔（Jeff Russell）是吉塔莎的创始人和首席执行官。在加入吉塔莎之前，杰夫在埃森哲和PACCESS（一家中型国际供应链公司）有十多年的咨询、客户管理和后台（勤）管理经验。他曾担任国际发展非营利组织动量集团的执行主管。作为一名工程师，杰夫热衷于帮助非营利组织提高效率。杰夫是佐治亚理工学院的工业工程师，拥有耶鲁大学的工商管理硕士学位。

　　杰夫有两个漂亮孩子和一个美丽的妻子，杰夫及其家人住在美丽的爱达荷州博伊西，在那儿，他们喜欢骑行、滑雪、跑步，那里还有全世界最美味的土豆。